EL ARTE DE LA BATERÍA

EL ARTE DE LA BATERÍA

Pere Foved

Antoni Bosch editor, S.A.U.
Manacor, 3
08023 Barcelona
info@antonibosch.com
www.antonibosch.com

ISBN: 978-84-127738-1-1
Depósito legal: B. 15247-2024

Diseño de cubierta: Compañía
Maquetación: JesMart
Corrección: Olga Mairal
Impresión: Liber Digital

Impreso en España – *Printed in Spain*

Índice

Los círculos sonoros

Cuando en la adolescencia empecé a acariciar la idea de formar parte de un grupo musical, mi primera tentación fue la de tocar la batería. Practiqué unos días con un bombo y una caja destartalados, en una fragua abandonada de Villanueva de los Castillejos, luminoso pueblo de Huelva. No pasé del patrón básico de *Get On Your Knees*, la canción más conocida de Los Canarios. Al salón de baile la Pista Azul llegaron poco después The Keys, un grupo de *soul* de la capital cuya leyenda corría por la comarca. Como éramos menores de edad, tuvimos que insistir mucho para que nos dejasen entrar, pero al final lo conseguimos. Y en un descanso del grupo, Fernando Gómez, el baterista, informado acerca de mi incipiente afición, ni corto ni perezoso me tendió las baquetas y me invitó a subir al escenario, cosa que yo acepté con toda desvergüenza. Me dio por intentar reproducir el solo de Joe Morello en aquel famoso *Take Five* que el saxofonista Paul Desmond compuso para el cuarteto de Dave Brubeck. Casi podía cantarlo de memoria, pero tocarlo sin estudio previo era otro cantar. Menos mal que la bulliciosa asistencia no hizo el menor caso de mi atrevimiento. De aquella experiencia lo único que saqué en limpio fue que tocar la batería era algo más que dar palos a unos tambores y a unos platos.

Desde que empecé a cantar con Radio Futura y en cuanto nos quitamos de encima la moderna caja de ritmos, asumí el objetivo prioritario de colocar bien la letra sobre el pulso de cada sucesivo baterista. Pronto fui consciente de la importancia del tempo y de sus variaciones, de lo que representa llevarlo con justeza o bien dejar caer las sílabas un poco por detrás para acentuar la dimensión y el sentido expresivo de la frase. Apreciando el placer que proporciona compartir el sentido mágico e intraducible del *groove*, finalmente me convencí de que, para lograr la conjunción de un grupo, la voz y el resto de los instrumentos tienen que adaptarse a la armazón tímbrica que va desde los graves del bombo hasta el sonido de plato más agudo sonando al natural, antes de ser amplificados. La amplificación no debe alterar los colores de la batería. El cantante ha de prestar oído especialmente al color de la caja, que comparte con la voz la franja de frecuencias donde se desenvuelve la mayor parte de la dicción clara.

Hasta hoy sigue siendo constante mi preocupación por cantar con el baterista, de escucharlo bien. No es asunto de volumen ni de adaptarse meramente al tempo *giusto*, sino de contribuir al diseño de un espacio sonoro habitable, atractivo, cuyas dimensiones y matices dependen de las dinámicas y de los colores que un buen baterista proporciona. Cantar sobre la batería de Pere Foved permite aspirar a la eufonía, no solamente tener garantizadas la firmeza y la flexibilidad del ritmo, sino también poder jugar con el aliento melódico y con el sentido poético de las palabras.

La inmediatez del golpe rítmico, que naturalmente tienta a los chiquillos –y a las chiquillas– con la posibilidad de liberar su exceso de energía, encubre uno de los aspectos más intrincados de la experiencia humana. La costumbre de batir objetos sonoros con las manos proporciona el marco para la danza de la tribu, que escande el ritmo con los pies sobre el suelo. El baterista moderno emplea sus cuatro extremidades a la vez, lo que exige un alto grado de coordinación que no está al alcance de cualquiera. Su arte comprende dos extremos de la experiencia humana: conecta las prácticas primitivas con una vía particular de desarrollo de la inteligencia.

El pulso regular, por medio del cual el baterista sincroniza sus movimientos con otros músicos, con los danzantes y con la percepción del que escucha, es una experiencia vinculada a la conciencia de la unidad, aunque no se reduce a la noción de número. Los números naturales (una manzana, dos manzanas, tres manzanas...) dependen de la experiencia visual y de nuestra capacidad para ir designando la cantidad variable de las cosas. Pero el tiempo básico que necesitamos sentir para tocar y bailar se interioriza mentalmente como algo que no tiene cuerpo visible, aunque es producto de la acción corporal. No se confunde con las actividades que nos permite organizar rítmicamente: los movimientos del cuerpo, los sucesivos golpes, rozamientos o soplidos sobre un objeto sonoro, las melodías de figura invisible y el encadenamiento de palabras. Se conserva en la memoria como efecto que resulta al intentar sincronizar diversos planos de gestualidad –de los pies a la cabeza– con la voz que canta o mantiene en silencio una referencia interna. El ritmo básico del cuerpo implicado en la producción de sonido alcanza por sí mismo, en consecuencia, cierto grado de abstracción, antes de que el ser humano se dedique a la tarea de representar las cosas por medio de símbolos. Abre una escena imaginaria en la que nos representamos la regularidad posible –o la irregularidad perfectible– del tiempo musical.

Todas las variaciones rítmicas requieren que, además de tocar o bailar, llevemos de manera consciente o inconsciente una cuenta implícita de pulsos regulares más o menos veloces, generalmente asociados en grupos sucesivos o alternos de dos o tres tiempos, que responden a la acción de las extremidades corporales. La experiencia del ritmo se completa al reconocer que nuestros semejantes también interiorizan el tiempo primario y lo expresan cada cual a su modo. Gracias a eso podemos juntarnos con ellos en el movimiento rítmico. Solo hasta cierto punto, porque el tiempo primario no es un número matemático –es decir, puramente ideal–, sino una aproximación física compartida por los que participan en el evento musical. El aprendizaje del ritmo es una escuela de sociabilidad, como bien saben los pueblos negros de África.

El arte de la batería comprende otros aspectos notables que debemos subrayar. Sus golpes son notas musicales con el mismo rango de nobleza que las que produce un piano. Con la ventaja de que sus elementos no necesitan someterse al temperamento tenso de las doce notas, que por otra parte nunca es exacto. Su afinación aproximada permite al oído salir de la aparente seguridad de la escala temperada y adentrarse en el sombrío bosque del sonido complejo sin necesidad de perderse. La batería es esencial para que el grupo musical mantenga no tanto la regularidad del metrónomo como el sentido de la aventura sonora.

Además de la cualidad tonal, es necesario que tengamos en cuenta también la textura tímbrica. El número variable de los elementos de una batería debe ser considerado no como un solo instrumento, sino como una pequeña orquesta. Su abanico de timbres cumple una función de ligadura atractiva con respecto al resto de los sonidos. En última instancia, la responsabilidad rítmica es algo compartido entre todos los miembros de un grupo, pero es el baterista quien propone el lenguaje para hacer posible el entendimiento. Los demás músicos tienen que garantizar que ese entendimiento se amplíe hasta convertirse en paisaje por el que el baterista pueda volar con ellos en bandada. Literatura aparte, quedémonos con la idea de que la adecuación tímbrica –entre los múltiples elementos de la batería y con el resto del grupo– forma parte esencial del ritmo. El ritmo musical es la evolución coherente y participativa del caudal sonoro en todas sus dimensiones. Si además recordamos que la altura de las notas consiste en frecuencias periódicas, al final resulta que el ritmo lo es todo.

Ya que nos ponemos reflexivos, sin perder de vista la condición material del instrumento, no podemos dejar de señalar en la batería un hecho evidente: está compuesta por círculos de diámetro diverso. Siempre que contemplo la batería antes de pasar al frente del escenario, me parece estar ante la maqueta de un sistema planetario. Esto me hace rememorar lo que pensaban los antiguos pitagóricos acerca de la «música de las esferas». Si los planetas y las estrellas en sus giros produjeran un sonido armonioso que queda oculto bajo el manto de lo que para nuestro limitado oído es el silencio –tal como afirmaban los pitagóricos–, nada representa mejor esa loca idea ante los ojos que una batería bajo los focos de la escena, con los parches tensos y los platos brillantes dispuestos para ser atacados por una prolongación de las manos –baquetas, mazas, *hot rods,* escobillas– o por las propias manos al desnudo.

En esta obra singular, Foved insiste razonablemente en destacar la conveniencia de atender a los aspectos espirituales de la dedicación a su instrumento, desde el momento mismo en que uno empieza a practicar con él. Posee un sentido de la nobleza de su arte que sabe expresar con sencillez directa, pero con profundo conocimiento. A veces, incluso cuando alude a los aspectos técnicos, me recuerda a aquellos antiguos tratados chinos donde se decía que la música nace del corazón humano que recibe un influjo del cielo y contribuye a ordenar la vida en común. Tal es la amplitud del contexto en que debemos interpretar los detalles más minuciosos relativos al uso del instrumento. El método de Foved tiene resonancias taoístas, por la importancia que concede a los temas de la relajación corporal y al cultivo de la espontaneidad del instrumentista. Ambos aspectos derivan de una experiencia refinada de la unidad entre la mente y el cuerpo. Los antropólogos nos recuerdan que tocar el tambor era una práctica habitual de los primitivos chamanes. Pere Foved no carece de motivos para hablar de «magia» musical.

Además de resultar útil para quien se inicia en el arte de la batería, este libro interesa a todo buen lector. Tiene valor de documento que permite aproximarse al modo de pensar de los músicos, quienes siempre me han parecido una especie rara de pensadores. Son del todo pragmáticos, están acostumbrados a resolver situaciones sobre la marcha y a sacar partido de la materia inerte de las cosas, pero no pueden evitar cierta inclinación a preguntarse por su lado oscuro. Generalmente se comportan como materialistas sin contemplaciones, pero saben volar alto con la imaginación. Pocas veces ponen sus ideas por escrito, mas cuando lo hacen conviene prestarles atención.

En las páginas que siguen hallaremos una aproximación a ciertos conceptos que apenas pueden explicarse con palabras. Así ocurre con el propio tempo musical y, sobre todo, con el misterioso *groove* rítmico o con el caudal de energía del *flow*: hace falta tocarlos y sentirlos para entenderlos. Explicarlos es todo un reto poético. Foved los acerca al entendimiento no solo del aprendiz de músico, sino de todo aquel que sospecha que el sonido musical es parte constitutiva del entendimiento.

A menudo el baterista nos habla del «empaste» y del «caminar» del ritmo como componentes fundamentales de su arte. Ambos términos designan el resultado deseable de una acción controlada sobre los tambores y los platos. «Empaste» quiere decir conjunción de los diversos timbres en una construcción sonora consistente. Se refiere tanto a los elementos de la batería como a su relación con otros músicos. «Caminar» es hacer que la consistencia del ritmo sirva para sostener el desarrollo óptimo de una pieza musical. El «empaste» requiere una percepción aguda del conjunto sonoro en tiempo presente; el «camine» –por emplear la jerga habitual del baterista–, una evaluación constante de su dinamismo sucesivo. Observemos que corresponden a las dos dimensiones temporales del lenguaje, según la teoría generalizada entre los especialistas: el «empaste» recuerda la sincronía entre elementos de una lengua en un momento histórico determinado; el «camine», la diacronía o variación de esos mismos elementos a lo largo del tiempo. Pero mientras la sincronía entre los elementos de una lengua es puramente imaginaria, el concepto de «empaste» entre los timbres de la batería o entre los músicos de un grupo –y de este a su vez con el público espectador– alude a la comunicación efectiva a través de las ondas sonoras y dota de contenido material a la idea de sincronía, que no es mera coincidencia de los sonidos en un corte imaginario del tiempo, sino aproximación comunitaria y no cuantificable al evento musical. «Diacronía» significa para los lingüistas la posibilidad de comparar estados sucesivos de la lengua, cual si fuera posible realizar secciones en el curso continuo de la historia. Para el músico –en especial para el baterista– la práctica del ritmo exige segregar, como si fuera un hilo invisible, la sustancia misma de lo temporal.

¿Por qué traer a colación aquí los términos de la lingüística? Para señalar el hecho significativo de que las ciencias proponen una visión segmentada de la realidad que la experiencia musical por fortuna reconstruye. «Empaste» y «camine» son ideas entrelazadas, porque cuando un sonido se adhiere a otro y sus respectivos armónicos se combinan, su consonancia presente se desplaza ya hacia el futuro inmediato, en el que la coherencia sonora debe ser sostenida. Y si el esfuerzo de aproximación métrica y tímbrica del baterista no pesa sobre los hombros como un paso de Semana Santa –cosa que tocando con Pere Foved nunca ocurre–, sino que el tema musical corre hacia delante como empujado por una energía maravillosa, es porque el baterista proporciona al grupo el engranaje sobre el que se asienta la posibilidad de sonar en armonía y disfrutar del paso del tiempo. Entonces podemos decir que la cosa «camina».

La figura del engranaje es pertinente porque permite visualizar la transmisión del movimiento. Reincide en la misteriosa función de la figura geométrica perfecta: el círculo que hechiza el pensamiento humano desde antiguo. Las máquinas transforman el movimiento rotatorio en movimiento lineal, como hace un automóvil que traduce el giro de las ruedas a la dirección que elige quien controla el volante. Llevan a cabo una reducción forzosa del movimiento para cumplir su cometido utilitario. Los círculos sonoros de la batería, en cambio, hacen posible el engranaje con otros cuerpos siguiendo un arreglo artístico que permite su proyección hacia el porvenir sin señalar dirección obligatoria, dejando libertad para moverse en el espacio circundante.

Los elementos que componen la batería musical tienen forma circular para concentrar el área de producción de la onda sonora, hacerla eficiente y darle regularidad hasta cierto punto, según el ángulo y el lugar precisos en que el baterista los ataque. La palabra «batería» se utiliza para designar otros conjuntos de objetos de sección circular. Si hablamos de la batería de cocina, por ejemplo, nunca se ponen al fuego todos los recipientes de distinto tamaño para elaborar un plato. Si aplicamos el término a las piezas de artillería, suele tratarse de cañones de sección uniforme que hacen fuego desde la distancia sobre un objetivo que debe ser destruido. La batería musical dispone sus piezas para ser atacadas con la energía justa por el fuego de la imaginación. Sirviéndose de toda la diversidad de timbres de que dispone, el baterista cocina y reparte un alimento sutil. Dispara hacia el entorno inmediato una variedad de ondas invisibles sabiamente combinadas para hacer posible el acercamiento entre cuerpos sonoros y danzantes. Sus golpes mesurados procuran placer compartido, tanto físico como espiritual, en vez de multiplicar el daño. La batería es un arma cargada de conocimiento.

Santiago Auserón

Introducción

Los contenidos de este libro representan un recorrido por los entresijos del instrumento y la profesión del baterista. Actualmente hay poca literatura específica sobre los aspectos técnicos y generales de la batería; eso me ha llevado a escribir estas páginas, en las que explico las enseñanzas y consejos que me transmitieron mis profesores de batería en Barcelona y Nueva York, la experiencia de tres décadas de carrera, el intercambio de ideas sobre percusión que he tenido con mis compañeros de profesión, y el análisis musical que he realizado a lo largo de los años a partir de una selección de brillantes bateristas, todos ellos de diferentes estilos y que además aportan su visión particular y especializada ya sea en el acompañamiento o en el solo virtuoso.

Uno de los objetivos del libro es ampliar la bibliografía de la batería contemporánea. Siempre he echado de menos más estudios sobre la visión general del instrumento. Métodos para aprender a tocar hay muchísimos, y también algunas biografías de bateristas relevantes; sin embargo, no disponemos de muchos libros que expliquen en profundidad el arte de la batería en todos sus aspectos. La idea de este proyecto es hacer llegar más conceptos al lector de una manera amena y fluida.

El libro consta de veinte capítulos que son una selección de temas de máxima importancia para el baterista moderno. Van enfocados a profundizar en el arte de hacer música a través de la batería con un sonido propio, con un lenguaje y un sello reconocibles. Como en cualquier proceso de aprendizaje, el estudio, la disciplina, las ganas de seguir en constante evolución y la pasión por el instrumento os harán subir de nivel. Una de las maravillas de la música es que es una fuente inagotable de conocimiento que nos permitirá seguir aprendiendo siempre. Si tienes la inquietud de ir más allá, este libro te ayudará a ampliar tu visión general de la batería y de la música.

1
Arte musical

La música es una de las artes más emocionales y evocadoras que existen. El baterista que emprende el camino de la música debe ser consciente del compromiso y esmero que requiere este arte. Este es el punto de partida para desarrollar una carrera brillante y exitosa. «Arte» significa capacidad, habilidad, talento y experiencia. También es infinito y cíclico, cosa que nos abre un sinfín de posibilidades en la creación, porque cuando acabas una obra empiezas otra. Es importante incentivar la inspiración con todo tipo de experiencia artística, así fortaleceremos el *loop* creativo. La principal impulsora hacia la música es la pasión que le profesamos, y esta facilitará que un baterista dedique su vida y su voluntad a los estudios artísticos.

La creación de música rítmica a través de la batería es un arte maravilloso y pleno para un artista. Conseguir dedicarse a tocarla profesionalmente es un logro notable, no exento de sacrificios personales (poseer la determinación necesaria para iniciar el viaje de las artes es digno de elogio). En la dedicación cotidiana del baterista al arte de la música, el pensamiento esencial debe ser el de entregarse en cuerpo y alma a su carrera, desde el principio hasta su fin dedicándole el esfuerzo que sea necesario y manteniéndose siempre fiel a su objetivo. Hay que tener confianza en uno mismo y en el proyecto, aunque a veces los resultados pueden tardar en llegar.

En el arte de la música hay una serie de cualidades que son notables y necesarias para cualquier intérprete. Generalmente, estas cualidades son inherentes a la persona desde su nacimiento, y en estos casos se denominan talento innato. Ciertas personas poseen una gran facilidad para tocar un instrumento musical desde edad muy temprana. La mayoría de las personas con talento innato o aptitudes para desarrollarlo pueden llegar a grandes cotas artísticas en todas las artes, puesto que tienen facilidad para cultivarlas. Es normal disponer de mayor o menor talento en las diversas áreas interpretativas, por lo que se debe estudiar con disciplina e inteligencia para mejorar los puntos débiles; de esta manera los resultados serán positivos. Los milagros no existen, pero el trabajo duro y serio sí es lo que cuenta, aunque es la suma de diversos factores lo que permite la aproximación a la belleza artística. Además de los que enumeramos en este capítulo, todos los que se juntan en este libro están relacionados entre sí, y contribuyen a la actividad de la creación musical. Se trata de cualidades que nos dan el poder para expresar sentimientos, emociones, circunstancias, pensamientos o ideas mediante la batería. El proceso de aprendizaje nos irá *nutriendo* de conocimientos que permitan la expresión y conexión con nuestro instrumento, de modo que podamos producir cadenas de notas y silencios que tengan un sentido musical.

En el arte rítmico, la creatividad es una parte muy importante, sin ella no hay innovación, es necesaria para avanzar en nuestro lenguaje personal, para que nos identifique musicalmente a nivel interpretativo y sonoro. La imaginación va asociada con la creatividad y esta es el vehículo para desarrollar nuevas ideas y materializarlas en la batería y otros elementos de percusión (hoy día se fusionan todo tipo de sonoridades en el *kit*). Otra de las claves esenciales es la improvisación; esta es una vía de expresión natural que se debe explorar a fondo y fomentarla con la práctica, es fundamental para estar en una constante evolución. En la búsqueda del arte personal mediante algunas de las cualidades comentadas anteriormente, tenemos que remarcar la importancia de dedicar buena parte de nuestro estudio a tocar nosotros solos –el instrumento y el instrumentista en estado puro– buscando el fluir en el lenguaje rítmico, improvisando y expresándonos con nuestra propia *voz* artística. Esta función en la práctica de los estudios es necesaria para potenciar la creatividad. En este punto no conviene utilizar metrónomos, audios ni otros sonidos que entorpezcan la concentración prioritaria en el discurso rítmico. No debe haber ninguna interferencia en el *flow* creativo del baterista y de su instrumento. La propia esencia hay que buscarla tocando *a tu aire* y de modo imaginativo. Esta es la buena dirección en el estudio y el desarrollo del estilo personal. El buen músico te atrapa emocionalmente desde el primer momento en el que realiza una interpretación con su instrumento; es decir, se debe intentar tocar bien siempre, desde el primer segundo, en tu sala de ensayo o en cualquier parte del mundo. Sentarse en la batería para dar el máximo y conectar con el *flow* de la música.

El papel de la batería en el arte musical tiene múltiples caminos, cada baterista escogerá la línea interpretativa en la que se sienta cómodo. La batería puede ser protagonista en solos, en el acompañamiento de canciones y también en patrones rítmicos que funcionan como la melodía principal por su carácter conductor. Hay algunas referencias destacables para apoyar estas conclusiones: dos referentes importantes de la batería como son Buddy Rich y Jeff Porcaro, concebían el enfoque artístico de la batería de maneras diferentes. Representan el arte rítmico desde dos visiones distintas y opuestas en el instrumento. Rich, un gran solista y acompañante, destacaba por su manera protagonista de tocar. Porcaro fue un acompañante de lujo, para él primaba el encajar en el *groove* sin hacer ningún solo. Es oportuno saber que la batería también puede tener un papel principal en otros ámbitos artísticos. En el terreno del séptimo arte, por ejemplo, tenemos la fantástica banda sonora de *Birdman* compuesta por el magnífico baterista Antonio Sánchez. En este largometraje, prácticamente todas las escenas son conducidas solamente por una batería, es decir, la creatividad rítmica y sonora hace posible una amalgama perfecta con el guion y la imagen.

La experiencia visual y auditiva del público también es importante y no se debe descuidar. Una cuidada imagen del artista es un valor añadido en un concierto o cualquier evento en el que participe. Un claro ejemplo lo tenemos en Miles Davis, que desde que empezó a tocar en la Gran Manzana en los años cuarenta se hacía los trajes a medida, y posteriormente en los setenta se vestía con ropas coloridas de estética de *rock*. Quería que su imagen fuera elegante y con un estilo propio dentro y fuera del escenario (el arte gráfico de las portadas de sus álbumes refleja ese interés por el *glamour* artístico). Es decir, el concepto general es que cuando un artista sale a escena, la experiencia visual debe ser tan excelente como la musical, porque suscitará una experiencia plena en el público. Y en esta misma línea del arte visual, hay que mencionar la importancia que supone la conexión entre músicos cuando están tocando con magnetismo y buena sintonía en el escenario. La experiencia de ver cómo los músicos están disfrutando en el escenario produce una conexión inmediata con el público. La mayoría de los grandes artistas de todos los tiempos conoce los beneficios que aportan estas sinergias a sus espectáculos e intentan fomentarlas en sus bandas y en sus *shows.* Todos los pequeños detalles suman para una completa experiencia de conexión entre el público y los músicos de un concierto. Ser minucioso es otro de los atributos que nos será de gran ayuda en los resultados finales de cualquier proyecto en el que estemos involucrados. El arte lo podemos aplicar a todo en la vida. Sin embargo, hay variables que pueden interferir en el flujo de la creación artística; si las tenemos en cuenta y las prevenimos, podemos favorecer y potenciar la creatividad. Para conseguirlo debemos fomentar el tiempo en soledad, descartar preocupaciones y practicar sin interrupciones durante las sesiones de estudio, que nada afecte a la concentración y total libertad de la expresión artística. Básicamente, debemos encontrar momentos de máxima relajación para poder *volar* mentalmente imaginando cosas.

La reflexión adecuada para concluir este capítulo es la siguiente: el arte no admite restricciones creativas, y solo nuestra imaginación será la que nos conduzca hacia nuevos *territorios* en la creación artística.

2
Relajación

Tocar la batería estando completamente relajado –sin tensión muscular– es uno de los retos que poco a poco se están abriendo camino en la concienciación de la gran mayoría de los bateristas. Los beneficios que aporta esta técnica al músico y a la música son mayúsculos. Se debe comprender que la relajación muscular es fundamental desde el primer momento en que empezamos a tocar la batería, y esa es la clave para conectar nuestras expresiones y emociones musicales a través de las extremidades y así llegar al control absoluto de todos los golpes que damos sobre la batería.

La relajación es el eje central para el desarrollo y consecución de una buena interpretación musical, es decir, facilita la conexión entre la mente, el cuerpo y la música. El control y la eliminación de la tensión global del cuerpo permiten que la musculatura y los movimientos fluyan desde el pensamiento musical, con una aproximación máxima entre lo que pensamos y lo que suena al golpear los elementos de la batería. Conseguir que a lo largo de una interpretación no aparezca ni un ápice de tensión es difícil, pero ha de ser uno de nuestros objetivos principales cuando tocamos, porque esto nos ayudará a tener el mayor control en la interpretación. Y además, también mejorará el sonido de cada elemento de la batería, ya que los golpes relajados aumentan la resonancia (*sustain*) natural de los parches y de los platos, mientras que, por el contrario, la tensión en los golpes afecta al sonido y lo comprime. Otra de las cosas que nos facilita la ausencia de tensión es un aumento notable del control métrico de las figuras rítmicas; por lo tanto, es imperativo eliminar la tensión de las extremidades superiores e inferiores porque influye negativamente en el control de la interpretación.

En la enumeración de prioridades esenciales para tocar la batería, aparece en los primeros puestos la relajación corporal. Un baterista se enfrenta normalmente a horas continuadas tocando su instrumento, ya sea estudiando, practicando, en los ensayos o en directo, y ante esta intensa actividad corporal, debe preocuparse por adoptar una postura ergonómica correcta al sentarse en el sillín de la batería. Esto es muy importante, porque el uso continuado de posiciones incorrectas puede conducirnos a tensiones e incluso lesiones. Para llevar a cabo una buena higiene postural, es necesario analizarnos visualmente de una forma periódica cuando estamos tocando, y de esta manera podremos ir comprobando si los movimientos están bien articulados y relajados. Haciendo este autoanálisis, podemos ir corrigiendo los desajustes de movimiento y de tensión que vayan surgiendo durante la interpretación. La mayoría de los profesores recomiendan como complemento utilizar un espejo en la sala de estudio para observar cómo articulamos los movimientos.

La sujeción de las baquetas debe ser firme, pero sin apretar, no ejerciendo mucha presión sobre el fulcro o punto de apoyo. Esto es esencial porque contribuye a la relajación, al control y al *laidback* en sostenimiento del tempo. Este control *suelto* nos proporcionará un mayor rebote natural de las baquetas. Y si lo practicamos habitualmente en nuestras horas de estudio, bajando la bordonera de la caja, el rebote aumentará significativamente, ya que la bordonera hace de apagador (*mute*) natural del parche inferior al estar en contacto con él. Al bajarla, aumentaremos la vibración y el movimiento del aire en el interior del casco, produciendo un mayor retorno de la baqueta y mayor fluidez de movimientos de las extremidades superiores. Esta es una buena opción para el estudio del rebote natural. Una premisa indispensable para añadir a estos consejos es la siguiente: tocar relajado no significa tocar sin *punch,* todo lo contrario; se necesita tocar con él en todos los rangos dinámicos, desde *pianissimo* a *fortissimo.* La relajación y el *punch* son compatibles y deben funcionar juntos a la perfección; si conseguimos esta sinergia podremos definir bien las notas y el tempo en todos los contextos musicales en los que toquemos. Recordad: el *punch* es igual a precisión y control. Algunos bateristas recomiendan reforzar la musculatura practicando sobre superficies blandas y duras, como, por ejemplo, en almohadas y *pads* de goma dura. En mi opinión, este tipo de práctica funciona pero no es de gran ayuda a largo plazo, porque es como si estuvieras practicando con unas pesas y los resultados son temporales y poco duraderos cuando dejas de hacerlo. Es mucho más productivo dedicar el estudio a las técnicas de la articulación del movimiento y a la relajación porque sus resultados perdurarán en el tiempo.

El libro más influyente sobre las técnicas de articulación y relajación es *El método Moeller,* compilado y escrito por el baterista Stanford A. Moeller en 1925. Se reeditó en junio de 1950 por Leedy y Ludwig con el título de *The Moeller Book: The Art of Snare Drumming.* Esta reedición es la que ha llegado hasta la actualidad. Para concebir este método, Moeller se basó en los movimientos de los bateristas de la guerra civil estadounidense, e integró la euritmia en todo el proceso de aprendizaje. Moeller explica cómo articular un movimiento continuo y relajado de los brazos, las muñecas y los dedos. Su técnica consiste en conectar estas tres partes del cuerpo en un solo movimiento único y relajado (visualizad como referencia el movimiento de un látigo a cámara lenta). Dominando esta técnica se reduce la tensión y el cansancio, y también podemos tocar con más pegada con el movimiento completo de brazo, a media pegada con las muñecas y con mayor rapidez a bajo volumen utilizando los dedos.

Como confidencia, debo deciros que este método tampoco es la verdad absoluta. El legendario baterista Gene Krupa advertía de que el método Moeller no siempre es de utilidad en algunos estilos, de modo que debemos estar abiertos a todo tipo de cambios y modificaciones según lo requiera cada género musical. Lo importante, por encima de todo, es tocar relajado en todos los movimientos.

Hay toda una serie de maravillosos profesores de batería que han abanderado esta técnica y la han dado a conocer mundialmente en sus libros, clases y *masterclasses;* entre ellos figuran nombres como Dave Weckl, Freddy Gruber, Dom Famularo y Jojo Mayer. En Catalunya, el profesor Quim Solé fue uno de los primeros en explicar ampliamente las diversas técnicas de sujeción de las baquetas y los movimientos de las extremidades superiores e inferiores, la relajación muscular y la ergonomía. Recuerdo cómo en sus clases hacía especial énfasis en cómo dejarse caer sobre el parche para aprovechar todo el rebote natural de las baquetas.

Todas estas técnicas son altamente beneficiosas para ayudar a controlar la relajación en la batería. Las fuentes sobre el tema son muy diversas; sin embargo, *El método Moeller,* sin ser una verdad absoluta, resume prácticamente todas las variantes al respecto. Como complemento a estas técnicas, en el caso de no conseguir una buena postura y relajación en la batería, también disponemos de la técnica Alexander para músicos en general. Este es un método de reeducación que desarrolla la consciencia de cómo usamos nuestro cuerpo y nuestra mente cuando estamos tocando. La técnica se basa en los movimientos naturales del cuerpo, y se necesita un profesor especializado para observar al intérprete tocando y así poder corregirle las posiciones anómalas. Para finalizar, mi consejo es que un baterista debe seguir estudiando estas técnicas durante toda su carrera musical, de cara a un correcto mantenimiento y desarrollo de las mismas. Si no hacemos estas revisiones en el estudio diario, con el tiempo pueden aparecer malos hábitos en la postura y derivar en lesiones. Este es un compromiso importante para un músico profesional; dado que normalmente mantiene una actividad intensa con su instrumento, debe estar en buena forma física para afrontar los retos que se le presenten. En mi caso, puesto que estudio a diario, tengo claros los beneficios que aportan estas técnicas y durante las sesiones de práctica estoy pendiente de que todos estos conceptos influyan en la interpretación.

3
Técnica

La técnica es esencial para tocar la batería porque nos facilitará el control del vocabulario, el movimiento, el sonido y la dinámica. Podemos desarrollarla a través de diversas maneras: la primera –y principal– es estudiando toda la extensa metodología que existe para el instrumento, desde los rudimentos básicos hasta la coordinación y vocabulario más complejos. La segunda opción es aprender de manera autodidacta, escuchando y fijándose en cómo tocan los baterías de referencia para luego copiarlos e ir desarrollando progresivamente nuestra propia manera de tocar. En estas dos vías de aprendizaje la constancia y la perseverancia son las claves para llegar a tocar bien. Poder tocar con soltura y control el instrumento en cualquier situación musical es básico, y para ello se deben tener los conocimientos que nos permitan estar preparados. Esto implica una formación en un amplio espectro de asignaturas dentro de la música, pero sin duda una de las más importantes es la técnica del instrumento.

Empezando con la enumeración de las técnicas fundamentales para tocar la batería, en primer lugar tenemos que saber cómo coger las baquetas. Disponemos de dos opciones: la posición de agarre tradicional o la moderna, las dos son válidas y funcionan bien con la técnica Moeller. Lo ideal sería dominar las dos y utilizarlas según nos interese. Conviene tener claro que hay diferencias reconocibles en el sonido de la caja entre las dos empuñaduras: en el agarre moderno cada mano sujeta la baqueta de la misma manera y se articulan exactamente igual, mientras que en el agarre tradicional la mano izquierda (la que golpea la caja) sujeta la baqueta de forma diferente, y obviamente esto hace sonar el golpe de la caja de forma distinta, debido a que la mano articula de otra manera. Además, esta posición también afecta al tempo y hace que el golpe de la caja esté un poquito más retrasado. Escuchando a bateristas con agarre tradicional o moderno, se hace evidente que los dos tipos de sujeción producen características diferentes de sonido y de tempo. Por tanto, los bateristas que dominen los dos tipos de empuñadura dispondrán de más opciones creativas en sus interpretaciones.

La colocación de nuestra altura en el sillín respecto de la batería es un asunto de especial interés, porque una buena técnica depende de una buena posición corporal al sentarnos ante el *kit:* todo está conectado. Observando a baterías con mucho *groove* y pegada, he constatado que una gran mayoría suelen sentarse altos y con las caderas por encima de las rodillas. Está claro que esta altura influye en la relación entre el espacio y el tiempo de la caída del brazo: al caer con más distancia adquiere peso y fuerza en el golpe sobre la caja, esto aumenta la relación entre el *punch* y la seguridad en el tempo.

Cuando practicamos repetidamente ejercicios técnicos o canciones, también estamos trabajando la memoria muscular. De esta manera interiorizamos los movimientos de nuestras extremidades, de modo que cuando toquemos estas canciones, repertorios o lenguajes –aunque haya pasado el tiempo– nos acordaremos perfectamente de los movimientos ya aprendidos de manera instintiva, lo cual nos proporcionará al momento el encaje rítmico y el sonido previamente articulados.

Los tres tipos de golpes principales que articulamos en la caja son estos: el golpe básico de caja que se toca en el centro del parche sin tocar el aro y que suena grande y con cuerpo. El segundo golpe es el mismo que el anterior, pero con el aro integrado a la vez (*rimshot*); este es el golpe de caja por excelencia –el más utilizado–. El tercero es el golpe de aro con la baqueta apoyada sobre la caja, la mano izquierda hace de sordina sujetando la baqueta apoyada en el parche y simultáneamente golpea el aro (*cross stick*); para ello se recomienda utilizar la parte trasera de la baqueta, porque es más gruesa y sonará con más cuerpo empastando mejor en las canciones.

En las líneas generales de nuestro estudio con el instrumento, debemos darle importancia a nuestra mano izquierda –si somos zurdos será la derecha–, porque no tenemos el mismo control que con nuestra mano conductora. Los diestros utilizan habitualmente la mano derecha para realizar las acciones cotidianas y por ende la tienen más desarrollada que la izquierda. Los zurdos o ambidiestros tienen una destreza mixta y esto les resulta favorable para tocar la batería. Para desarrollar nuestra mano izquierda o derecha progresivamente debemos practicar con ella como conductora en todo tipo de ejercicios y canciones. Esto nos proporcionará más control entre las dos manos. Normalmente la mano que no conduce dispone de más espacios en los que puede rellenar con notas de apoyo; las más eficaces son las llamadas notas fantasma (*ghost notes*), que en la caja van jugando a rellenar de subdivisiones los patrones rítmicos (*grooves*). Las notas fantasma son altamente recomendables y ayudarán al desarrollo de la mano izquierda. Toda la inversión de tiempo que dediquemos a estas conducciones con nuestra mano izquierda dará sus frutos en el futuro.

Las principales combinaciones básicas de manos se llaman «rudimentos» y desde 1984 disponemos de una lista internacional donde constan los cuarenta más representativos. Esta lista la organizó y completó la Asociación de Artes Percusivas (Percussive Arts Society), fundada en Estados Unidos en 1961. Los rudimentos más comunes utilizados por el gremio de bateristas son: el golpe simple (*single stroke roll*), el golpe doble (*double stroke roll*), el *paradiddle* simple (*single paradiddle*) y el mordente (*flam*). Todos estos rudimentos y combinaciones de manos, una vez se hayan asimilado en la caja como elemento principal, se deben orquestar alrededor de la batería de una manera creativa, buscando siempre la musicalidad en la interpretación. Generalmente, gran parte de estas combinaciones de manos también son aplicables a la técnica de los pies –pie de bombo y pie de charles–, y se pueden intercalar con las manos para conseguir la independencia y la coordinación de las cuatro extremidades. La colocación clásica de los pies en los pedales se realiza con los talones apoyados; esta técnica es simple y elemental y funciona especialmente bien en el pedal del bombo para los golpes dobles. Para los golpes simples de bombo que necesiten una gran potencia y definición podemos utilizar el talón levantado.

Toda la técnica que estudiemos en la batería se debe realizar generalmente con ayuda del metrónomo, para comprender la métrica exacta de las notas en los espacios de tiempo. Pero no debemos olvidar que también es necesario estudiar sin *click* para fortalecer nuestro *beat* interno y facilitar el desarrollo de nuestro propio lenguaje, nuestro estilo e ideas personales. El baterista necesita tocar libremente sin las ataduras del metrónomo, para centrarse en su propio *feeling*, y en contextos creativos diversos en los que no hace falta depender de una claqueta, de manera que pueda aportar su toque humano en el tempo. Los estudios continuos con metrónomo facilitan la interiorización del tempo y nos permiten adquirir un *beat* interno estable y desarrollado. En el día a día de la práctica y el estudio de los diversos ejercicios de técnica, es recomendable utilizar el *click* con tiempos impares poco habituales, como, por ejemplo: 91, 107, 83, 119 o 65 *beats* por minuto. Estas variaciones nos harán entender y perfeccionar las diferentes sutilezas de los números pares e impares en el tempo. También son convenientes los cambios de un solo punto en el metrónomo; esta diferencia mínima se nota muchísimo, aunque parezca poco importante.

Hay una anécdota de Peter Erskine sobre este asunto: él explica que en uno de los conciertos de la gira que realizó con el grupo Steely Dan en la década de 1990, se le ocurrió hacer un cambio de un punto en el metrónomo justo antes de empezar una canción, y al acabar el concierto Donald Fagen y Walter Becker –líderes del grupo– le comentaron que algo había sucedido con el tempo original de dicha canción. Esta situación nos da a entender que hay gente que tiene una gran sensibilidad para notar cualquier cambio en el tempo por muy pequeño que sea.

4
Vocabulario rítmico

El vocabulario rítmico, compuesto de secuencias de golpes y silencios tocados o cantados, es una parte básica de las habilidades necesarias para interpretar y transmitir todas nuestras expresiones artísticas a través de la batería. La correcta asimilación de los estudios de vocabulario rítmico nos permitirá articular todo tipo de fraseos musicales. Es obvio que disponer de amplios conocimientos de figuras rítmicas es esencial; por tanto, debemos estudiar en profundidad el lenguaje musical de la batería para poder elaborar secuencias rítmicas distintas que nos permitan obtener mayor libertad creativa y originalidad. La comprensión del extenso vocabulario rítmico y su posterior articulación en la batería es gradual, comenzando por las primeras notas sencillas hasta llegar a las frases más complejas.

A lo largo de la carrera de un músico profesional, es crucial no descuidar una rutina continua que facilite el mantenimiento adecuado del vocabulario aprendido, porque este necesita ser repasado con frecuencia para que la métrica y la memoria muscular estén a punto en todo momento. Y, en esa misma línea, también son importantes las investigaciones rítmicas acerca de las nuevas tendencias musicales. Las entradas de nuevos conceptos nos ayudarán a ampliar nuestros conocimientos musicales y el enfoque en nuestra manera de tocar. El vocabulario rítmico siempre está en constante evolución y hemos de estar comprometidos con este desarrollo.

Enlazar cadenas de figuras rítmicas, ya sea improvisadas o previamente preparadas, en una canción es todo un arte, y para la consecución de este fin con solvencia, una buena preparación será indispensable. Cuando interpretamos en la batería un patrón, un solo o un *break*, estamos utilizando figuras simples o compuestas, y normalmente están organizadas en una secuencia que tiene un sentido rítmico coherente. Un ejemplo de secuenciación lo tenemos en nuestro propio lenguaje hablado: el léxico nos ayuda a elaborar y utilizar frases con sentido preciso. En el vocabulario rítmico pasa lo mismo, necesitamos una amplia *paleta* rítmica para la construcción de nuestro vocabulario original. El engarce de todas estas figuras rítmicas con un sentido musical es primordial y difícil al mismo tiempo, y además no hay que olvidarse de tocarlas con *feeling* y buen gusto. Para llegar a crear estos discursos rítmicos con musicalidad, necesitamos aprender tocando, cantando, escuchando y leyendo partituras con todo tipo de figuras rítmicas y métricas, es importante asimilar toda esta información correctamente. A partir de ahí, podremos interpretar cualquier pieza rítmica y empezar a construir nuestras ideas originales. Cuando estudiemos fraseos, es recomendable empezarlos en la caja y luego, una vez asegurados, exportarlos a toda la batería. Adquiriendo habilidad y sosteniendo la destreza en el tiempo conseguiremos tocar con nuestro propio *sello* y con originalidad. Siempre hay que prestar atención a lo que tocamos siendo exigentes y rigurosos, y además, analizar a muchos bateristas de referencia para oír cómo intercalan las figuras rítmicas entre sí de una manera bonita, fluida y adecuada a la canción.

En los diferentes contextos estilísticos en los que nos podemos encontrar, es indispensable saber discernir qué tipo de figuras encajarán mejor, ya que esto nos facilitará enormemente nuestra tarea. Para disponer de estos conocimientos es imprescindible escuchar mucha música de diferentes géneros y subgéneros analizando los vocabularios genuinos utilizados. Del mismo modo, prestaremos especial atención a las interpretaciones de la sección de ritmo en su conjunto, que aportan un lenguaje y un *toque* característico. La interpretación de cada nota que tocamos dentro de una canción ha de buscar la excelencia, tener una intención métrica y de estilo que se ajuste al tema con musicalidad.

En particular, cuando utilizamos nuestro vocabulario propio en los *breaks* y los *fills* de las canciones, este ha de estar muy bien articulado. Normalmente la duración de una frase suele ser de un compás o de dos tiempos; este es un breve espacio de tiempo en el que debemos tocar las figuras con sentido y continuidad melódica para facilitar el encaje de las partes, con una buena métrica, tempo y conducción excelentes, de manera que dejemos clara la salida para caer en el tiempo inicial del siguiente compás. Hay que transmitir seguridad rítmica en todas las intervenciones que hagamos, con una correcta ejecución que permita a nuestros compañeros ajustarse intuitivamente al tempo. Si los *breaks, fills* y aportaciones al fraseo general del tema los hacemos en relación con las figuras principales de la melodía y de la sección de ritmo, será mucho más fácil para todos los componentes del grupo alinearse en la misma cuadrícula rítmica.

Por naturaleza, cada baterista tiene facilidad para tocar determinados patrones y grupos de notas; sin embargo, también es normal no estar cómodos con algunas métricas y grupos de notas que no son naturales para nosotros. En estos casos, hay que esforzarse para llegar a una mayor comprensión de estos puntos débiles. Hay bateristas a quienes se les da muy bien tocar en compás binario (*straight eights*) en estilos como el *rock,* el *pop* o el *funk.* En cambio, otros tienen un especial talento para tocar ritmos ternarios como *shuffle, swing, slow blues* o *funk jazz.* Otra de las variantes especialmente complejas agrupa todos los géneros llamados *latin,* tales como el *chacha,* el *songo,* el *tumbao sonero* o la *rumba.* Y cómo no, el flamenco, que tiene un vocabulario característico en la batería. En todos estos ejemplos tenemos una cantidad infinita de conocimientos para aprender e interpretar en la batería. Al ser tan extenso el lenguaje de cada género, resulta prácticamente imposible dominarlos todos a la perfección, y esto hace que la mayoría de los bateristas profesionales estén especializados en estilos concretos. Hay excepciones en algunos músicos de sesión que pueden abarcar varios estilos, pero es menos común.

La extensión y las posibilidades de las figuras rítmicas son enormes. Uno de los ejes principales está formado por los grupos de notas regulares –negras, corcheas, semicorcheas y fusas– y por los irregulares –tresillos, cinquillos, seisillos, septillos y nuevesillos–; estos últimos grupos suponen un poco más de dificultad para el aprendizaje. En la música actual se están utilizando frecuentemente los grupos de notas irregulares. Asimismo, hay dos tipos de enfoque métrico que se utilizan mucho: el primero es el de las subdivisiones que pasan de cuatro semicorcheas a ocho fusas; es el más común y el punto de partida para un sinfín de variaciones creativas. El segundo comprende los *grooves* que conectan grupos de notas regulares e irregulares, como, por ejemplo: corcheas seguidas por un tresillo y vuelta a corcheas –este tipo de combinación está muy presente en el *hip hop*–. En esta misma línea de conceptos básicos, las combinaciones de manos (*stickings)* son importantes porque pueden hacer que un mismo grupo de notas suene con un carácter diferente por el cambio de golpeo de una mano a otra. En suma, disponemos de una cantidad infinita de matices en la percusión. Por otra parte, debemos tener claro que las frases originales de cada baterista son inherentes a la persona y, por tanto, muy difíciles de copiar, pero analizarlas y reproducirlas sí que resulta interesante porque nos permitirá aprender los vocabularios utilizados.

Los bateristas tenemos la responsabilidad de tocar bien, y para alcanzar este notable fin necesitamos escucharnos continuamente analizando la calidad de nuestras interpretaciones. Siempre hemos de ponernos el listón alto para criticar con firmeza lo que no nos suene bien. Este es un buen principio para llegar a grandes cotas en la expresión y en la coherencia musical.

5
Tempo

Para un baterista es fundamental controlar bien el tempo, tiene que poder tocar en todo el amplio abanico de velocidades: rápidas, medias y lentas. Una de sus funciones principales es la de mantener siempre el pulso estable y sin que se mueva; esta es una tarea difícil y de gran precisión. Para poder llegar a dominarla en toda su extensión, se necesitan años de estudio y buen hacer. El máximo aliado del baterista es el metrónomo, inventado en 1815, máquina de gran utilidad para todos los músicos que nos ha permitido entender mejor el pulso rítmico y facilitar nuestro trabajo y nuestro estudio. Uno de los primeros compositores en utilizarlo fue Ludwig van Beethoven, en 1817. El metrónomo nos ayudará a asimilar los espacios de tiempo entre nota y nota. El tempo se indica en cada obra musical con una cifra numérica que puede ir acompañada de la abreviatura bpm, *beats per minute* (pulsos por minuto).

En la relación del músico con el tempo y con el metrónomo, debemos conocer diversas técnicas y opciones que son de gran utilidad. Lo primero y básico es tener siempre un metrónomo cerca –hoy día lo podemos llevar en nuestro teléfono móvil con una aplicación específica–, porque en cualquier momento podemos necesitar comprobar un tempo. El metrónomo se debe utilizar en la práctica diaria con nuestro instrumento; destinar una parte del tiempo de estudio a tocar con la claqueta nos será de gran ayuda y nos reportará grandes beneficios musicales. Después de familiarizarnos con las diferentes velocidades metronómicas, veremos cómo los extremos del tempo son los más difíciles de asimilar y controlar. Normalmente, siempre se recomienda estudiar con los tempos relajados. Profundizar en el control del tempo es una necesidad constante en la evolución del baterista.

A continuación os expongo una de las cosas más interesantes del tempo que es de máxima importancia saber y tener en cuenta a la hora de tocar. Tenemos tres opciones de posicionamiento en el tempo cuando tocamos: podemos tocar encima, tocar delante o tocar detrás, según nos interese musicalmente. Cada una de estas tres opciones dará un carácter diferente al ritmo y a la canción. De lo que os hablo es de una sutileza milimétrica, que hay que escuchar con gran atención para reconocerla y saber cómo gestionarla en nuestro instrumento. Una vez sepamos cómo tocar estas tres variantes, también tendremos que poder discernir las posiciones de cada uno de los otros instrumentos en el tempo. Dependiendo de la melodía, del arreglo y del ritmo de la canción, la situación rítmica de la batería más conveniente en el tempo dependerá de varios factores, como, por ejemplo, el de la interpretación de la voz principal, que puede moverse también en una de estas tres posiciones, y la del resto de los músicos.

Este concepto puede fluir de una manera natural e intuitiva en la mayoría de los casos, pero cuando no es así y oímos que algo está pasando, porque no acaba de empastarse bien el *groove* entre los componentes del grupo, hay que analizar rápidamente la situación y comprobar en qué posición del tempo caminaremos mejor respecto a nuestros compañeros –en unos breves compases hemos de aplicar las tres posiciones y oír cuál fluye mejor en el tema–. Colocarnos en la posición idónea será la clave para una buena función rítmica empastada. Con la experiencia iremos perfeccionando esta técnica, que igualmente se puede aplicar a todo tipo de audios, *clicks*, secuenciadores o pistas grabadas.

La primera opción natural será colocarnos encima del tempo, y a partir de ahí, como segunda opción, podemos probar a tocar un poco por detrás del tempo y escuchar cómo funciona ese efecto llamado *laidback (relajado)*. En la tercera opción, nos posicionaremos un poco por delante del tempo. Esta opción es buena cuando hace falta empujar el tempo hacia delante para que no se caiga. Por otro lado, tocando con otros músicos nos podemos encontrar con sutiles diferencias de métricas sobre el mismo tempo de la canción. Cuando pasa esto, lo ideal es que todos se escuchen con la mayor atención entre sí y toquen lo que mejor funcione para empastar el *groove*. El empaste sonoro entre todos los componentes del grupo es fundamental. Tienes que saber cuál es tu lugar en el *groove* para que el conjunto camine.

Un claro ejemplo está en la voz principal: es muy usual que a los cantantes les guste cantar un poco por detrás del tempo para acentuar la expresión vocal. En este caso, la batería tiene que aguantar sin verse arrastrada hacia atrás y encontrar el equilibrio adecuado entre las dos métricas. Pero tampoco se puede ser inflexible y dejar que la batería quede por delante de la voz tirando del tempo como si estuviera fuera de él. Es tarea de todo el grupo la búsqueda del *beat* y la sinergia para que todo camine con redondez. Dominar las posiciones respecto al tempo nos será de gran utilidad en cualquier situación musical. Esta es una de las claves de la que no se habla en exceso y que se debería entender bien entre todos los músicos. El contrabajista Charles Mingus decía que el tempo es algo que acontece en el centro del círculo de músicos, más que un pulso automático. Es necesario hacer más hincapié en estas posibilidades métricas, sobre todo al principio de las enseñanzas en las escuelas de música.

Normalmente las canciones tienen varias partes: la introducción, la estrofa, el estribillo, el puente y la coda. Estas partes no tienen por qué tener un tempo exactamente igual entre ellas. Hay una cierta creencia de que el tempo tiene que ser siempre exactamente el mismo desde que empieza hasta que acaba la canción. Es cierto que en teoría debe ser así y que el tempo debe ser lo más regular posible. Pero la realidad es que hay muchísima música grabada en vivo que tiene imprecisiones en el tempo y resulta ser maravillosa, porque una sutil variación de tempo entre las partes la hacen viva y humana.

Un ejemplo musicalmente natural es que una estrofa pueda ir un poco más relajada, y que en el estribillo se empuje un poquito hacia delante el tempo, un punto por ejemplo; este es un caso que se da muy a menudo. La música es una energía viva y tiene que poder moverse un poco en el tempo; estos ligeros cambios pueden ayudar en las distintas partes a crear coherencia emocional entre la letra y el ritmo. Otra de las cosas que suelen ocurrir es que con la adrenalina y la tensión del directo uno tienda a tirar hacia delante sin darse cuenta. Para controlar bien el tempo es importante mantener una buena relajación muscular en todo momento, porque si nos tensionamos puede haber pequeñas fluctuaciones indeseadas.

Para cualquier músico, la práctica con el metrónomo a velocidades muy lentas –como, por ejemplo, a 40 bpm, que es una velocidad extremadamente lenta– le será beneficiosa para interiorizar el pulso. Al haber tanta separación entre los *clicks*, nuestro cerebro tiene que cuadricular este espacio tan grande; tocar tan lento es un ejercicio de extrema dificultad, pero estudiar de esta manera nos permitirá tener mejor percepción del espacio en cualquier otro tempo, una mayor claridad para encajar todas las figuras rítmicas, y también nos ayudará a aguantar los tempos sin tirar para delante o para atrás. Pensad que una de nuestras funciones rítmicas principales en una canción es la de ser constantes en el tempo, y retener o empujar a nuestros compañeros si es necesario según lo que esté sucediendo en cada momento. Si nos falta un poco más de ritmo, empujaremos hacia delante; por el contrario, si el conjunto tiende a correr, retendremos un poco el pulso para que esté más reposado y fluido. Todas estas ideas y técnicas deben estar en vuestro archivo mental para cuando sean necesarias. El estudio del tempo es un camino complejo y de largo recorrido, pero de gran valor para nuestro ritmo interno. Y como pequeña aportación de referencia para finalizar este capítulo, puedo deciros que Steve Gadd practicó mucho tiempo a 40 bpm, según explica en algunas de sus entrevistas, y eso se nota mucho en el dominio que tiene al tocar en cualquier otro tempo, sobre todo en los lentos, porque sabe afincar todas las notas en su sitio, ya sean muy pocas o muchísimas.

6
Groove

Este capítulo es especial por la gran complejidad que encierra una explicación coherente acerca del *groove* y su importancia en la música moderna. En los diversos círculos musicales del panorama actual, el término *groove* es conocido, ¿pero realmente se entiende lo que es? ¿Lo reconocemos cuando está implícito en la música? Y lo más importante, ¿sabemos cómo llegar a sentirlo y producirlo con nuestro instrumento? Intentaré arrojar un poco de luz sobre este arte que parece intangible y que generalmente afecta a la sección rítmica, pero que no siempre llega a hacer acto de presencia en las interpretaciones musicales.

El origen de la palabra *groove* proviene de la frase *in the groove* (en el surco) y se remonta a los años treinta en Estados Unidos. Los músicos utilizaban esta expresión para dar a entender que el ritmo estaba funcionando y conectando con el público como si fuera un cauce por el que unos y otros pudieran fluir. El baterista Chick Webb fue uno de los primeros en utilizarla en el título de la canción *In the Groove at the Grove,* publicada en 1939.

En nuestro país, la palabra *groove* se fue introduciendo a partir de la segunda mitad del siglo xx hasta llegar a estar en nuestros días totalmente instaurada entre los músicos y los aficionados a la música. En mi caso, por proceder de familia de músicos, desde pequeño siempre escuchaba en casa expresiones como: «toca con *swing*», «toca relajado en el compás» o «toca haciendo que *camine* el ritmo», expresiones que son claramente sinónimos de la palabra *groove.* Estas definiciones y otras parecidas nos vienen a decir lo importante que es este arte etéreo dentro de la música, y nos instan a su búsqueda con la finalidad de integrarlo siempre en nuestras interpretaciones. En otras culturas probablemente tendrán otras palabras similares para referirse al *groove,* pero todas nos conducen al mismo significado. En general, el reto es que todo lo que toquemos suene bien y *camine* con *groove* en cualquier tipo de música.

El *groove* es una sensación rítmica expansiva que invita al movimiento y que transmite una serie de emociones al oyente –esta definición también es extensible a tocar con *swing,* con alma o con gracia–. La música tiene que tener sentimiento (*feeling*) y bailar en el compás, tiene que fluir y jamás estar agarrotada o tensa. Hay momentos estelares en las piezas musicales (ya sea de principio a fin o en secciones concretas) en los que el *groove* se convierte en hipnótico y atrapa al oyente por su belleza sonora y por su ritmo contagioso. Alcanzar esos momentos es pura magia musical. Cuando el *groove camina* de ese modo en un tema el oyente siente fascinación por el mismo y puede entrar en un *loop* (bucle) oyéndolo una y otra vez sin parar.

El *groove* puede comunicarse a todo un grupo, haciéndolo *caminar* en conjunto con una excelente sincronía entre los músicos, o bien ser producido por un solo músico tocando en solitario. Si en un mismo grupo se encuentran varios músicos con talento en el arte del *groove,* tendremos una base rítmica extraordinaria. Cuando estamos tocando un ritmo con *groove* podemos subir un escalón más consiguiendo que resulte hipnótico. Esta variante es compleja porque se requiere de una alineación de varios factores en una misma pieza: el primero es que los músicos estén conectados entre sí fluyendo en una misma línea o arreglo rítmico tocado al milímetro; el segundo es una máxima relajación muscular y un alto grado de concentración en la música; el tercero, un sonido excelso de cada instrumento que facilite el empaste global del grupo; el cuarto, una sección rítmica que consiga tocar en bloque –a veces, entre la línea del bajo y la batería puede haber pequeñas diferencias de enfoque métrico que hacen que el *groove* no acabe de encajar bien–; y como quinto y último factor, si estamos tocando en un concierto en directo, necesitamos a un público predispuesto para establecer una sinergia con la música y con los músicos.

Otro elemento importante para hacer funcionar el *groove* es el dominio del *backbeat*, que afecta a los tiempos pares (dos y cuatro) de un compás. Un patrón de batería estándar en un compás de cuatro por cuatro tiene los tiempos fuertes en el uno y en el tres –donde suelen ir los bombos–, y los tiempos débiles en el dos y en el cuatro –donde suelen ir las cajas–. Por tanto, el *backbeat* se produce en los contratiempos que corresponden a los golpes de caja. El control de las extremidades superiores nos dará el poder de situar las cajas con la intención métrica y la pegada que necesite cada patrón rítmico. Las cajas se pueden ajustar en el tempo hasta conseguir un ciclo de movimiento óptimo para el *groove*.

El saxofonista Maceo Parker, uno de los grandes nombres de la música *funk* –toda su discografía en solitario rebosa *groove*–, explica en algunas entrevistas lo importante que es para él tocar con *groove* y cómo en sus *shows* siempre se fija en el público para ver si este está moviendo los pies o bailando con el pulso de la canción, lo que indica si la gente está conectando con el ritmo. En los ambientes de música *funk soul* también podemos escuchar la expresión *in the pocket* ('en el bolsillo'), que se refiere al hecho de que la sección de ritmo está en la mejor sincronía, tocando a la perfección en el *groove*. Hay otro ejemplo del que siempre me acuerdo en relación con este tema, por la concreción con que se expresaba Miles Davis, la leyenda del *jazz*, quien en una entrevista, refiriéndose a los momentos en que el solista está siguiendo una estela sonora en la que hay magia rítmica, decía: «Si tienes algo bueno entre manos no te muevas y aguántalo». Viene a decirnos que cuando una banda consigue estar *caminando* con excelencia hay que intentar que no se pierda ese hilo conductor, porque es muy fácil perderlo. Para ello tenemos que estar escuchando a nuestros compañeros y adaptándonos a la cadencia musical. Si en el tema hay un flujo sonoro que *camina* como una apisonadora, no es necesario cambiar figuras rítmicas que puedan interferir y alterar el ciclo de movimiento; cuando tenemos el *groove* rodando y empastado solo hay que fluir y dejarse llevar. En mi propia experiencia de conciertos en directo, he podido *saborear* estos momentos de máximo clímax musical y en algunas ocasiones he llegado a experimentar la sensación de no sentir que estoy tocando, es como un éxtasis en el que te conviertes en un oyente disfrutando de la magia sónica que tú mismo ayudas a producir.

Como teoría para la consecución de patrones con el aditivo del *groove*, disponemos de algunos recursos que pueden contribuir a que el patrón suene mejor y *cami-*

ne. La primera cosa a tener en cuenta es que, aunque toquemos con poco volumen o con pegada contenida, los golpes tienen que estar relajados; la precisión es muy importante para colocar bien las notas, ajustar la métrica y dominar las diferentes posiciones en el tempo con peso y seguridad. Las notas fantasma (*ghost notes*) también funcionan muy bien para incrementar la sensación de *groove:* al rellenar los huecos del patrón con estas notas subdivididas a menor volumen creamos un efecto *shaker* que ayuda a completar el patrón, lo cual es un recurso fantástico y altamente recomendable.

Uno de los ejercicios clásicos que nunca falla y que está muy extendido en la comunidad de bateristas es tocar *encima* de las grabaciones intentando copiar el *groove* de los grandes referentes de la batería. Todo el mundo lo ha hecho en algún momento y funciona bien porque nos enseña distintas perspectivas rítmicas. Cada baterista tiene su *groove* inconfundible e intransferible; copiarlo y comprender cómo se mueve un patrón en el tempo es lo que nos ayudará a desarrollar nuestro propio ciclo de movimiento. En definitiva, todas estas reflexiones, que son algo etéreas pero a la vez tangibles (porque se pueden tocar), quizá os den algunas claves para acercaros a la música con *groove.*

7
Bateristas 1.0

Desde muy pequeño empecé a escuchar *jazz* de la mano de mi padre. Él me descubrió a unos cuantos grandes bateristas clásicos y contemporáneos que me impresionaron enormemente, sobre todo Max Roach, así empezó mi pasión por la batería. Después de muchos años de haber escuchado y analizado a innumerables bateristas, he ido puliendo mi oído para poder desgranar cada elemento de la sección rítmica en las piezas musicales y entender cómo empasta con las melodías principales, prestando atención a la técnica tanto como al *feeling* del instrumentista. Estos dos conceptos son esenciales para favorecer la sinergia entre músicos.

En este capítulo he escogido a algunos de los bateristas que más me han llamado la atención. Os haré una síntesis subjetiva de las cualidades de cada uno de ellos, en particular de su enfoque musical y de su técnica. Han sido referencias imprescindibles en mi evolución con la batería y creo que todo músico debería conocerlos. La selección se basa en la gran musicalidad de cada uno de ellos, algunos con más, otros con menos técnica.

Max Roach, uno de los grandes del *jazz*, a lo largo de su brillante carrera fue uno de los bateristas que abrió nuevos caminos en la batería solista. Un buen ejemplo está en su álbum *Drums Unlimited*, una joya de los años sesenta. En este álbum se puede apreciar cómo un baterista lidera su propio proyecto, en el que combina composiciones propias y estándares de *jazz*.

Su fama también se debe al enfoque melódico y protagonista que le dio a la batería. Sus solos son revolucionarios para la época; especial mención merece el solo que abre el álbum *The Drum Also Waltzes*. Está tocado en compás de tres por cuatro, y en el tema se reconoce claramente una estructura que empieza con una melodía rítmica fantástica, su posterior *open solo* y su vuelta a la melodía para cerrar el tema. Roach comandó su propio grupo en innumerables álbumes y formó parte de legendarias bandas como las de Charlie Parker, Miles Davis y Charles Mingus.

Steve Gadd es uno de los baterías más versátiles de todos los tiempos y el que quizás haya grabado más discos en la historia del instrumento. Su capacidad para tocar muchos estilos y su extraordinaria musicalidad lo han llevado a ser uno de los bateristas de estudio (*session drummer*) más demandados desde los años setenta hasta la actualidad. Lo primero que voy a resaltar es su relajación al tocar, es lo que me llama más la atención y creo que es la clave de su sonido y de su buen hacer dentro de las canciones. Además, el control de las dinámicas combinado con su enorme técnica es excelente, el sonido de su batería está empastado y controla los tempos con un ligero *laidback* que los hace sublimes.

Podéis comprobar lo que os digo, por ejemplo, en la balada *We´re In This Love Together* del álbum *Breakin' Away* de Al Jarreau, en la que participa. En ella podréis apreciar un acompañamiento a la canción brillante (todo es de diez), con la conducción de las partes, los *breaks* totalmente en la estela sonora de la canción, y con detalles técnicos de altura sin molestar a la melodía principal y sin perder el *feeling* en toda la canción.

Os recomiendo también escuchar sus grabaciones con Chick Corea, Eric Clapton, Steely Dan o Randy Crawford. En el año 2019, Gadd ganó el premio Grammy al mejor álbum de *jazz* por *Steve Gadd Band.*

A Brian Blade lo descubrí cuando estudiaba en Aula de Músics de Barcelona, en los años noventa, un compañero me pasó el álbum *Moodswing* de Joshua Redman y el sonido del grupo me pareció extraordinario. En esta grabación predominan las baladas y la mayoría de los temas están tocados con escobillas. Blade destaca en el acompañamiento y por el sonido de su batería –hay que remarcar lo difícil que es tocar tiempos lentos y que caminen–. Escuchad el tema *Headin' Home*, que cierra el álbum, es un excelente *funk jazz* que deja ver todo el excelso arte de Blade en el *groove.* Me impresionó muchísimo todo el álbum y a partir de esa grabación he seguido con todo detalle su carrera como *sideman* y como líder. Su elegancia es máxima tocando en estilos como el *jazz,* el *funk,* el *pop* o el *folk.*

En los noventa Blade tocaba sentado con el sillín muy arriba, en una postura tradicional de *jazz,* pero con el cambio de siglo lo bajó hasta tener la cadera por debajo de las rodillas, una distancia muy significativa respecto a su anterior posición. Claramente se puede apreciar cómo la altura del sillín cambió su sonido y su articulación frente a la batería. En su técnica resalta de inmediato el control que tiene sobre la relajación, toca muy suelto y con mucho *punch.* En todo momento esta cualidad maravillosa le hace sacar un sonido de la batería exquisito, especialmente en los platos y en la caja. Escuchad el álbum *Elastic* de Joshua Redman y entenderéis de qué os hablo.

Peter Erskine es otro de los bateristas que no podemos obviar, con un toque especial y una visión moderna del instrumento. Puso el listón muy alto en los años ochenta con las grabaciones de álbumes increíbles como los de Weather Report o Jaco Pastorius. Ferviente estudioso desde pequeño de los rudimentos, posee una técnica finísima, domina el agarre tradicional y el moderno. También hay que destacar su afinación de la batería con mucha definición: concisa en los platos, con la caja cortante y nítida, los *toms* con buen tono y perfecto *sustain* y el bombo redondo, con pegada. Su *swing* tocando *shuffle* en tempos altos es impresionante. Ha publicado diversos libros de técnica y otro sobre sus experiencias con Wheater Report.

Buddy Rich... ¡Claro! Uno de los grandes bateristas clásicos, conocido por su virtuosismo y por su magnífica *Big Band*, también dejó huella como acompañante (*sideman*) de los grandes del *jazz*. Para empezar destacaremos su genial control de la caja con un dominio absoluto de los rudimentos, las combinaciones simples, los dobles y los mordentes. Todo ello con ejecuciones a altas velocidades sin perder el control y el sonido, con un *swing* brutal. Hacía solos solamente con los platos o incluso con las baquetas, lo cual era muy innovador para su tiempo. Una de las claves de su vocabulario está en que interpretaba melodías rítmicas en cualquier parte del *set* con muchísima musicalidad.

Su familia venía del circo, él se crio allí, por eso tenía tan claro el concepto general del espectáculo aplicado a su instrumento. También su faceta como líder al frente de su *Big Band* fue muy exitosa; algunas de sus grabaciones son memorables, como la del álbum *Mercy, Mercy, Mercy*. De sus colaboraciones con otros músicos voy a destacar la del álbum a dúo con otro gran baterista, Gene Krupa, que se titula *Drum Battle*. ¡Disco de dos bateristas! Adelantados a su tiempo, ya hacían este tipo de colaboraciones. Rich supo manejar su carrera como líder de la mejor manera; también solía hacer muchas apariciones en programas de televisión en los que le hacían entrevistas, tocaba con su *Big Band* y realizaba cameos (con la batería) divertidos y espectaculares, en espacios de entretenimiento para niños y adultos.

Jeff Hamilton es uno de mis bateristas preferidos con las escobillas, es finísimo y tiene un gusto para acompañar exquisito. El sonido de su batería es cálido y se empasta a la perfección en géneros como el *jazz* y otros afines. A continuación, os recomiendo cuatro álbumes que recogen sus interpretaciones más notables en el arte del acompañamiento, todas ellas caminan con un *swing* increíble: *Live in Paris* de Diana Krall; *Live! At the Montreux Festival* de Monty Alexander; *Unforgettable with Love* de Natalie Cole; y *Kisses on the Bottom* de Paul McCartney.

8
La caja

Para comprender el significado de la caja en toda su dimensión debemos conocer su historia y por qué es una pieza esencial de la batería. La caja que tenemos hoy día integrada en el *set* de batería o la *marching snare* ('caja de marcha'), tienen su origen en el tambor, y para remontarnos a sus principios tenemos que irnos a los primeros tambores construidos con bordones –hilos que están en contacto con el parche inferior y que producen una vibración característica al golpear el parche batidor–, provenientes de las civilizaciones egipcia, arábiga y asiria. Posteriormente, en la Europa Medieval, se tiene constancia del uso de tambores con bordones en torno al año 1300. Más tarde, en 1837, se empezaron a desarrollar nuevos métodos de tensión con tornillos para reemplazar las cuerdas de sujeción de los parches de piel; esto permitía al instrumentista personalizar el sonido del tambor dándole un tono más grave o más agudo. A mediados del siglo XIX, las cajas se empezaron a fabricar en metal con una reducción considerable del grosor (los tambores suelen ser más profundos y están hechos de madera). Y ya en el siglo XX, Robert Dansly creó para la *Ludwig Drum Company* un dispositivo que permite bajar la bordonera y convertir la caja en un *tom,* consistente en una palanca que sube y baja los bordones. Esto nos facilita el cambio del sonido en cualquier momento de la interpretación y además nos ayuda a evitar –si es necesario– que los bordones resuenen con otros instrumentos, ya que es frecuente que determinadas frecuencias provoquen vibraciones en la bordonera.

La caja es un instrumento particularmente versátil y expresivo debido a su sensibilidad y capacidad de respuesta. La importancia que tiene en el *set* de batería es muy relevante, porque de la caja parte toda la técnica de manos. El vocabulario rítmico que interpretamos en la caja es amplísimo y sirve para toda la batería; solo tenemos que exportarlo a los otros elementos del *set*, y por extensión, este vocabulario también nos servirá para desarrollar la coordinación entre manos y pies en patrones de *hit hat* y de *ride*.

Para conducir los cambios de sección en las canciones utilizamos los *breaks* y los *fills*. En ellos podemos orquestar todo el vocabulario rítmico de la técnica de caja que hayamos aprendido. En definitiva: la caja es el punto de partida hacia todos los elementos de la batería.

Llamamos *rudimentos* al conjunto de patrones básicos en el que se desarrolla gran parte de la técnica de caja. Partiendo de estos ejercicios, el vocabulario no ha parado de crecer hasta llegar a niveles altamente complejos en la música actual. Hoy en día, todos los rudimentos y las combinaciones de manos siguen siendo el punto de partida y la base de la percusión moderna. Adquirir una formación sólida en la caja cuando empezamos a practicar con la batería, es una decisión acertada para quienes quieren iniciarse en el instrumento.

En la orquesta sinfónica, la caja funciona como un instrumento individual dentro de la sección de percusión, que también puede estar formada, dependiendo de la obra, por el bombo, los timbales, la pandereta, los platillos, el triángulo o la cortinilla, y en la percusión de láminas por el vibráfono, el xilófono, la marimba o el *glockenspiel*.

Para enseñar las técnicas esenciales de la caja, algunos profesores de percusión clásica suelen poner un aro de madera o de cartón encima del parche batidor, con un agujero de cinco centímetros de diámetro justo en el medio. Este es un método que se utiliza para aprender a tocar todos los golpes en el mismo sitio –el centro–; de esta manera los golpes sonarán iguales y el sonido y la memoria muscular de las manos quedarán equilibrados. Cuando estudiamos es recomendable bajar la bordonera, así no se enmascaran los golpes que emite la caja y los oiremos claros y definidos. Esta función nos será de gran ayuda para trabajar con el metrónomo y pulir la métrica de todas las figuras rítmicas. El sonido de la caja sin bordonera también es muy bonito y empasta perfectamente con el *set* de batería; además, puede encajar bien en diferentes texturas musicales. Un buen ejemplo lo podéis escuchar en la canción *Tres notas para decir te quiero* de Vicente Amigo.

Si tocamos con las escobillas en géneros como el *jazz* y afines, en los que se requiere un sonido controlado y con muchos matices, tocar sin la bordonera es una opción muy interesante porque la caja sonará sin vibraciones, definida y empastada dentro de la canción. Por otra parte, cuando los bordones están puestos pueden interferir en la nitidez del resto de los instrumentos; sin ellos el grupo sonará notablemente más cálido y definido. Recordad que estos recursos son fundamentales al tocar con escobillas, *mallets* o *hot rods*.

Es de suma importancia bajar la bordonera en momentos en los que no toquemos para evitar que resuene con otros instrumentos. Por ejemplo, si abandonamos el escenario unos minutos para dar paso a una interpretación de voz y piano, es de obligado cumplimiento bajarla para que no interfiera en el sonido. Estos pequeños cuidados de calidad en el sonido hacen al baterista más completo.

Un consejo especial acerca de la afinación de la caja que realmente funciona es el de aflojar al máximo –dejándolo casi sin tensión– únicamente el tornillo más cercano al lugar donde golpea la baqueta. Este recurso le da un sonido característico a la caja, con más cuerpo y más ataque. Al estar sin apretar ese tornillo, el aro quedará blando justo en esa zona y la baqueta golpeará con más firmeza. Esto hará que aumente el *punch* del *groove*, junto con la definición, y bajará un poco el tono de la caja. Se trata de un recurso muy utilizado por bateristas de sesión. Como curiosidad, se cuenta que Quincy Jones lo utilizaba en algunas de sus producciones.

¿Cómo tiene que sonar una buena caja? La respuesta a esta pregunta es compleja. La búsqueda no tiene límite, se pueden necesitar años o tan solo un minuto para encontrar el sonido que se acerque a lo que tienes en tu mente. Con los años me he dado cuenta de que es el propio músico con su constitución física, su *toque* y su oído, el que hará sonar la caja mejor o peor. En defensa de esta teoría, os expongo tres casos claros de bateristas con un excelso sonido de caja: Steve Gadd, Steve Jordan y Brian Blade. Sus cajas siempre suenan exquisitas, aunque las vayan cambiando constantemente por otras de medidas y acabados diferentes, tales como el acero, el latón, el bronce, el arce o el abedul. Incluso con estos cambios –que en algunos casos, tanto en estudio como en directo, suponen usar una caja distinta por canción–, sus sonidos respectivos se mantienen y no pierden su esencia reconocible. Cada baterista tiene su timbre personal e intransferible.

En las cajas podemos encontrar diferentes tipos de aros en el parche batidor. Hay cuatro variantes interesantes que darán un sonido y un carácter especiales a la caja. Los aros pueden ser de metal o de madera. La principal diferencia en los de metal es el grosor, que puede ser de 1,6 mm (*triple flange*), 2,3 mm (*super hoop*) o de fundición (*die cast*). La cuarta opción son los aros de madera, que están más presentes en cajas o tambores de construcción artesanal. Personalmente, me gustan mucho los *triple flange* –los sencillos– porque son de fábrica delgada y resultan blandos para los golpes de baqueta sobre el aro y el parche simultáneamente (*rimshot*). El sonido resultante es notablemente más empastado entre el aro, el parche y el casco.

Y para finalizar: las dos cajas más conocidas y grabadas de la historia de la música son la Ludwig Black Beauty (utilizada desde los años veinte del pasado siglo) y la Supraphonic 400 (presentada en 1964). Estas dos cajas se han grabado en incontables álbumes de éxito. Su diseño es magnífico y les confiere un sonido característico, con un ataque brillante, nítido, y un tono redondo (llevan aros sencillos *triple flange* de 1,6 mm). Las dos son muy demandadas por baterístas profesionales y productores musicales por su alta eficacia en estudio y en directo. Os aconsejo tener al menos una de las dos en vuestra colección de baterías.

9

Dinámicas

En el arte de la interpretación musical, las dinámicas son fundamentales, sin ellas tocaríamos siempre al mismo volumen. Su aprendizaje nos enseña a tocar en los diferentes grados de la intensidad del sonido: desde muy suave a muy fuerte (de *pianissimo* a *fortissimo*). La interpretación de la música requiere una gran sensibilidad y control de la dinámica, cualidades necesarias para tocar cualquier instrumento y poder transmitir todos los matices de la música a los oyentes. Cuando estamos tocando con otros músicos, siempre debemos estar en una constante escucha y minucioso análisis de nuestra interpretación, y al mismo tiempo pendientes de las dinámicas de nuestros compañeros, con objeto de graduar nuestro volumen en cada instante respecto a los demás. Percibir adecuadamente el volumen general que nos rodea y saber cuál es nuestra posición ideal en el panorama o en las dimensiones de todo el conjunto es imprescindible para modularnos bien y situarnos en la mezcla del grupo. Tenemos que tener en cuenta que puede haber excepciones dinámicas según lo requiera la composición musical o nuestra propia creatividad. Estos parámetros llevados a la práctica con una lógica musical harán que haya una coherencia entre los volúmenes de los instrumentos y las partes del tema, dando así un sentido global a la composición musical.

Los bateristas deberíamos hacer más hincapié en el estudio del control absoluto de todos los rangos dinámicos. Conseguirlo no es nada fácil, sobre todo en los patrones de golpes suaves, porque hay que tocarlos a poco volumen y con el máximo *punch* y definición posibles. Si, por ejemplo, tocamos en un pequeño club prácticamente sin amplificar, hemos de poder mantener durante todo el concierto un volumen bajo y controlado. Y además, que no se pierdan el empaste, el *groove*, el tempo o el *punch*.

Normalmente la tendencia en la gestión del volumen de la mayoría de los músicos es ir incrementándolo progresivamente sin darse cuenta. Este es un problema habitual y hemos de estar alerta para intentar evitar que suceda y corregirlo cuando sea posible. Algunos instrumentos como la batería, las guitarras eléctricas y las trompetas pueden alcanzar fácilmente los 120 decibelios. El oído empieza a dañarse a partir de los 85 dB, aproximadamente; es importante que tengamos esto asimilado para no exceder nunca estos límites, así protegeremos nuestros oídos y no se verán saturados. Con un volumen adecuado oiremos todo el rango de frecuencias, matices y dinámicas. Procurar la comodidad auditiva en los volúmenes de nuestra escucha es esencial, porque favorece la concentración y el equilibrio mental necesarios para enfocar la atención en la música. Hemos de intentar conseguir en cada una de nuestras actuaciones una buena relajación muscular y mental, dado que estos son factores determinantes para una buena articulación de la dinámica. La técnica de Moeller es un magnífico catalizador que ayuda en gran medida a controlar todos estos factores. Las técnicas de control del cuerpo y de la mente también nos ayudarán a precisar el timbre de nuestro propio instrumento, haciendo que dispongamos de una amplia paleta de matices y resonancias posibles en cada golpe.

Adaptarse dinámicamente a cualquier contexto musical es una prioridad que define al músico con capacidad de escucha, preocupado por encajar en el sonido general de la banda.

Por otro lado, hay factores que no dependen de nosotros y pueden alterar considerablemente nuestra dinámica sin nuestro consentimiento, lo cual afectará a nuestro rendimiento musical y por extensión al del grupo. Me refiero a los procesadores electrónicos como compresores, o puertas de ruido, pero también a los equipos de amplificación general, ya sean los sistemas de P.A. (Public Address System) o los monitores en escena, que manejados sin mucho criterio respecto a nuestra manera de tocar pueden alterar significativamente nuestra dinámica.

El legendario ingeniero de sonido Bruce Swedien –que grabó el mítico álbum *Thriller* de Michael Jackson, entre muchos otros– era partidario de no utilizar compresores, no le gustaban, y estoy totalmente de acuerdo con él. A continuación os expongo algunos de los casos que habitualmente se presentan en directo o en estudio y que desvirtúan la dinámica de un baterista. Por ejemplo: la compresión en el bombo o en otros elementos de la batería supone una agresión a la creatividad y a la dinámica interna de un baterista. Comprimiendo el bombo, aunque sea suavemente, siempre sonará con la misma pegada, y entonces adiós a las dinámicas de las partes de una canción en las que se puede tocar con diferentes matices de volumen. La compresión puede confundirnos tocando en directo al alterar nuestras dinámicas: si toco suave la caja y por fuera suena con mucho ataque (*punch*), habrá una incongruencia sonora entre nuestro toque y el sonido exterior. Un buen baterista debe tocar cualquier elemento del *kit* con la dinámica necesaria, el control, la estabilidad y la continuidad en cada golpe, según lo que necesite cada canción. Uno de los retos del baterista contemporáneo en un estudio de grabación o en directo es la constancia dinámica de todos los golpes cuando sea necesaria. Hablamos de exactitud precisa e igualdad en cada uno de los golpes de la caja, el bombo y el *charles* durante toda la canción, que se han de aplicar cuando lo requiera la composición musical. Swedien explicaba que para compensar las partes con diferentes dinámicas utilizaba los *faders* de la mesa de mezclas, las automatizaciones en *Pro Tools* y, sobre todo, una buena técnica microfónica como factor más importante, de esta manera evitaba la utilización de compresores.

Mientras tocamos controlamos nuestro volumen global del *kit* con las graduaciones de intensidad de la actividad corporal en general. Pero ¿y si necesitamos más volumen solamente en el *charles* o la caja? Para estas situaciones es interesante controlar la dinámica individual de cada extremidad, porque puede ser necesario enfatizar una de ellas por encima de las otras. Obtener una buena mezcla entre los elementos del *kit* cuando tocamos es indispensable, porque nuestro sonido es el que emitimos tocando con las cuatro extremidades. Cada patrón resultante ha de sonar como si estuviera masterizado. Desarrollar este control de volúmenes independientes de manos y pies será de gran ayuda para hacernos cargo de la mezcla de nuestro propio sonido, buscando siempre el empaste y la belleza en el *groove*.

En algunos contextos musicales de alta precisión, donde todos los instrumentistas se escuchan y buscan la excelencia en cada matiz, podemos subir un escalón en el control de la dinámica apagando las colas de resonancia de los parches y de los platos sirviéndonos de las manos como apagador. Ajustaremos así los cierres de las resonancias justo en la métrica que nos convenga y el efecto sonoro resultante será más bello. Este recurso aumenta en excelencia realizándolo al unísono con otros instrumentos. Son detalles que conducen a la obtención de una alta calidad dinámica.

En resumen, la clave es intentar siempre escuchar con precisión y adaptarse a las circunstancias que se nos presenten. Así podremos llegar a un alto grado de satisfacción en cualquier ámbito, como grandes escenarios, teatros, auditorios, estudios de grabación, clubs o salas de ensayo. Todas estas técnicas obviamente se refieren a la interpretación con los oídos libres de auriculares de diadema, *in ears* o tapones de reducción de volumen, aunque el propósito es el mismo en todas las variantes en las que pueda llegar el sonido a nuestros oídos: buscar la dinámica correcta para un buen empaste y la mejor mezcla común.

10
Acompañamiento

Realizar una interpretación de acompañamiento en una canción es una tarea compleja que requiere un músico que escuche, comprenda y sea generoso tocando en beneficio de la música. El planteamiento inicial debe estar enfocado absolutamente hacia una función rítmica de apoyo y conducción del tema, sin entorpecer la melodía principal ni la conjunción de los arreglos de la canción. En el proceso de elaboración de los patrones que se adaptarán a las canciones, lo correcto es dedicar tiempo suficiente al análisis y el desarrollo de las ideas. Todo ese proceso de selección es interesante cuando disponemos de muchas posibilidades para enfocar nuestra aportación rítmica a la composición, porque con un simple cambio de una nota en la caja, en el bombo o en el *charles,* un patrón puede sonar completamente diferente. Indudablemente, la creatividad es fundamental para generar nuevas texturas sonoras que aporten originalidad a la canción; en ese sentido es esencial que podamos probar todas las opciones creativas a nuestro alcance, hasta encontrar el acompañamiento que funcione mejor en la canción (inicialmente podemos partir de las ideas guía que nos haya dado el compositor o el productor). Es normal que pueda haber pequeñas discrepancias entre nuestra primera propuesta y la del compositor del tema; en estos casos hemos de ir retocando y puliendo el patrón hasta un punto de encuentro en el arreglo rítmico.

Disponemos de infinidad de variantes rítmicas, matices y sonidos producidos por diferentes tipos de baquetas, escobillas o mazas de algodón que pueden dar un carácter único al patrón para encajar a la perfección en el tema. Asimismo, los años de experiencia tocando con todo tipo de artistas y grupos nos ayudarán a ir ampliando una sólida base de recursos. Poder elaborar en la batería ritmos y sonidos que proporcionen pura magia musical y sustenten rítmicamente un tema de principio a fin resulta maravilloso. Hay una frase de uso coloquial que suele oírse en los círculos musicales y que define perfectamente la esencia del capítulo que nos ocupa, dice así: «Es un batería que escucha cuando toca». Este es uno de los mejores elogios que le pueden dedicar a un músico, porque estar atento a lo que está sucediendo en el panorama sonoro es una de las cualidades básicas que necesita un instrumentista para desempeñar su trabajo. En el arte del acompañamiento, escuchar y producir un ritmo en el que todo encaje es lo más importante –sin descuidar el control del tempo–; eso nos dará poder de acción para articular en cada momento lo que necesite la canción. La interacción instantánea entre lo que suena y lo que tocamos se consigue manteniendo la atención pendiente de nuestros compañeros y de lo que están tocando –la melodía, la armonía, el pulso y las figuras rítmicas– en cada momento. Esta es una de las claves para ser un baterista que toca para la canción. Existen dos tipos de orientación del pensamiento del baterista respecto a su interpretación: el que se adapta a las circunstancias y el que impone su idea sin adaptarse.

Es evidente que adecuarse será beneficioso para la música y para los compañeros.

La función rítmica esencial en un tema es tocarlo de manera que el patrón fluya, *camine*, y tenga sentido en el contexto musical. El patrón no ha de tener un papel principal que sobresalga por encima del resto de los instrumentos, si no es una demanda concreta de los compañeros, del productor o de la misma composición. Rítmicamente la batería ha de sumar al resultado global del tema; un buen baterista destacará igualmente haciendo un acompañamiento sencillo o complejo. En general, hay que tener presente que no es necesario estar rellenando todos los espacios sin que haya una necesidad obvia en el arreglo –algunos colegas llaman al relleno innecesario de notas «incontinencia musical»–.

Hace falta una visión global y coherente del tema para concebir patrones rítmicos de acompañamiento. Si una canción reclama un patrón con muchas notas sin dejar prácticamente espacios, hay que poder interpretarlo igual que si fuera un patrón simple de dos notas; debemos tocar las notas que hagan falta con sentido, ya sean redondas y negras o fusas y semifusas, si son necesarias para que el tema suene encajado. Todo debe fluir en armonía con los arreglos de la canción. La predisposición, el talento, el estudio y el sentido común del músico son esenciales para comprender lo que se debe tocar. Es importante tener claro que para que el acompañamiento fluya en la sección de ritmo, los patrones de la batería de cada parte deben estar integrados al milímetro con el bajo, el piano y la guitarra. La base rítmica ha de estar muy bien encajada. Esto es básico para llegar a *caminar* con el máximo *groove*. De igual manera, siempre se ha de procurar que no se pierda el pulso conductor del tema en las transiciones de partes, aunque cambiemos ligeramente el patrón o nos movamos hacia otros elementos de la batería; por ejemplo, cuando tocamos un patrón en el *charles* y lo pasamos al *ride* no se puede perder ni una pizca de conducción del ritmo.

En el apartado de los *breaks* y de los *fills,* es interesante pensar en ellos como parte del acompañamiento con función de apoyo en los cambios de sección. Sus figuras rítmicas deben estar en sintonía con el patrón principal y conducir a las sucesivas secciones de la canción siguiendo una estela sonora coherente, que indique de dónde venimos y hacia dónde vamos.

Durante el transcurso de la canción podemos centrarnos en la melodía principal como guía de empaste de nuestro patrón, considerándola como el eje central de toda la sección rítmica, que se movería alrededor de la voz u otro instrumento *lead,* también teniendo en cuenta a los demás instrumentos y ofreciendo estabilidad en el tempo y seguridad métrica. Tampoco hay que olvidarse de dar un poco de flujo de movimiento al bloque rítmico, hay que estar abierto a ser un poco elástico en relación con el tempo a lo largo de la canción, cierta movilidad forma parte del *comping* (acompañamiento).

La concepción del arte de acompañar es exactamante igual para todos los instrumentistas que desempeñen esta función, en cualquier ámbito musical y en todos los formatos de grupos posibles, desde dúos, tríos o cuartetos hasta *big bands.* Hay dos referencias de acompañamiento en pequeño formato de dúo que me fascinan, por su claridad en el enfoque musical y por la gran concreción rítmica y melódica que muestran: la primera es el tema *Donna Lee* interpretado por la leyenda del bajo eléctrico

Jaco Pastorius junto al increíble percusionista Don Alias a las congas, contenido en el álbum *Jaco Pastorius* (1976). La segunda canción es *Alliance,* perteneciente al álbum *Signals (*1990) del magnífico guitarrista Wayne Krantz, acompañado de nuevo por Don Alias a las congas y el triángulo. La estructura y el concepto de los arreglos en los dos temas son muy similares –es posible que Krantz se inspirara en el tema de Pastorius que se publicó una década y media antes que el suyo–. El acompañamiento de las congas se basa en la subdivisión del tempo en semicorcheas, y la conducción rítmica de Alias hace *caminar* el tema de una manera espectacular, proporcionando a la estructura (melodía, solo y melodía) un flujo de estabilidad máxima que produce un ritmo hipnótico. Este *groove* aporta incluso valor métrico a Krantz y a Pastorius para desarrollar su ejecución de la melodía y sus respectivas improvisaciones. En estas dos canciones las interpretaciones son brillantes y nos pueden dar ideas sobre los acompañamientos con subdivisiones de semicorcheas para aplicarlos a la batería. Escuchar y analizar todo tipo de *compings,* en diversos formatos e instrumentos, será beneficioso para enriquecer nuestra *paleta* creativa de patrones rítmicos.

11
Solista

A la hora de considerar la batería solista, disponemos como referencia de los solos clásicos y de los contemporáneos, así como de varias maneras de proceder para la creación de un solo notable. Para empezar, es básico saber que principalmente podemos crearlos mediante el arte de la improvisación o bien siguiendo una lógica de construcción por partes. En ambos casos es evidente que poseer una amplia técnica y un vocabulario extenso nos permitirá desarrollar los solos con mucha más soltura, aunando control, dinámica y expresión artística.

La opción primera y más común es la de construir el solo por partes, es decir, como una pieza musical, empleando todos los recursos creativos a nuestro alcance. Esta es una manera muy efectiva para organizar y entender un solo. Para concretar dichas partes podemos utilizar una estructura estándar como las que se utilizan habitualmente en las formas de la canción moderna. Un ejemplo sencillo: el solo podría empezar con una introducción, seguida de diversas partes en medio del tema –que podemos llamar A, B, C–, y para finalizarlo utilizaríamos una coda. Una vez fijada la estructura debemos organizar las diferentes partes del solo con melodías rítmicas, grupos de notas, orquestaciones de los diversos elementos de la batería, dinámicas o bloques de llamada-respuesta. Disponemos de una cantidad ilimitada de opciones rítmicas para dar forma al solo, pero hemos de buscar siempre nuestro modo de expresión original. Todas las partes de la estructura deben estar conectadas entre sí con una estela sonora coherente y con una conducción rítmico-melódica dominante. Todo tiene que desarrollarse con una cadencia fluida y natural.

La segunda opción para articular un solo –y desde mi punto de vista la que puede tener más magia– es partir de la más absoluta improvisación. Para dominar este arte no se requiere ningún planteamiento previo, ni sabemos lo que ocurrirá a lo largo del solo; simplemente nos dejaremos llevar en el momento de la interpretación. Es decir, empezaremos a construir desde la nada partiendo de la estela sonora precedente –si es el caso que el solo está en medio de otras secciones musicales–. En el arte de la improvisación, hay que conectar con las musas o –dicho de otro modo– tocar de una manera intuitiva, para que cada nota conecte con la siguiente unificando todo el fraseo. Hemos de conseguir que el solo conecte con el público y resulte hipnótico, y para lograrlo es necesario que haya fluidez rítmica, intentar transmitir toda la emoción en la interpretación que produce la magia musical. En la ejecución de este tipo de solos improvisados, la conexión entre la mente y las articulaciones ha de ser óptima, y para conseguirlo necesitaremos una relajación absoluta. Esta es una de las principales premisas para fluir en el arte rítmico.

Para estudiar y desarrollar los solos hemos de practicar el encadenado de grupos de notas de una manera ordenada y musical, dándole sentido a la conducción rítmico-melódica. Disponer de un vocabulario extenso nos facilitará el enlazado de las figuras rítmicas. Hay que practicar la conexión entre la improvisación y el lenguaje que tengamos interiorizado. Evidentemente, todos estos conceptos también dependen de las aptitudes artísticas de cada intérprete, pero estas fórmulas serán de gran ayuda en todos los casos. Dentro de la función de los grupos de notas, podemos orientar nuestro estudio del lenguaje hacia donde más nos interese. Actualmente podemos encontrar solistas de todos los tipos, desde los que tocan gran cantidad de notas por compás a los minimalistas. Entonces, ¿qué hacemos? ¿Hemos de tocar dieciséis semifusas o una redonda por compás? Pues bien, podemos tocar muchas notas maravillosamente bien o solamente una de manera brillante, el caso es tocarlas cuando tengan sentido en el contexto musical. El solo puede estar concebido para hacer una exhibición de notas a altas velocidades, lo cual estará bien, es una vía de expresión, pero también podemos explorar los solos con menos notas o bien híbridos entre estas dos opciones. Lo ideal es que el solista esté en constante desarrollo de nuevas ideas y que progresivamente vaya ampliando su vocabulario practicando y dando sentido desde principio a fin a sus intervenciones en solitario. La imaginación combinada con una amplia *paleta* de recursos rítmicos es el fundamento para ser un buen solista en la batería. Hay músicos con un talento natural para hacer solos y captar la atención del oyente –les fluye de manera innata–. Al baterista con predilección por el acompañamiento le pasa lo mismo pero al revés, solo le gusta acompañar y es ahí donde se siente cómodo. Es muy importante que cada músico busque su zona de confort y toque lo que sienta, así sacará más partido a sus cualidades naturales; esto es lo ideal, porque es mejor que forzarse a tocar de una manera que no le resulta fácil ni fluya naturalmente.

Escuchando con atención a un baterista podemos identificar cuáles son sus preferencias en la interpretación. Hacerlo bien en los dos ámbitos –el acompañamiento y el solo– es muy difícil, son caminos complejos que requieren mucha práctica y años de experiencia.

Por otro lado, no olvidemos nunca que tanto en los solos como en el acompañamiento debe estar implícito el arte de la comunicación. Cuando la batería es la voz principal, ya sea en un solo o siguiendo un patrón rítmico, ha de crear un ciclo de movimiento original que enganche y funcione a la perfección por sí solo. El temple y el saber utilizar y gestionar nuestros mejores fraseos son cualidades fundamentales para articular un papel principal. Además, hay que tener en cuenta la estela sonora que precede a nuestro solo, porque este tiene que funcionar como un puente de continuidad entre lo que viene antes y lo que viene después, todo tiene que guardar una relación coherente. Conseguir esa cadencia con la batería es un arte muy especial.

Cuando nuestro solo viene precedido por un solista anterior que ha hecho su solo con abundantes notas y lo ha finalizado con la dinámica muy arriba, puede ser efectivo empezar el nuestro con pocas notas, espaciadas y desde abajo dinámicamente. Este recurso es de gran ayuda para dar descanso al oyente e iniciar la construcción del nuevo solo.

Uno de los aspectos fundamentales en un solo es saber cuándo se ha dicho todo y conviene acabar; para ello hay que hacer una buena conducción de salida dando paso a la continuidad del tema. Conocer el momento exacto para acabar un solo es difícil; hay que prestar atención a nuestra intuición y a la cadencia natural de la interpretación, que se desarrollará conduciéndonos hasta el final –la coda puede ser ascendente o descendente dinámicamente, según cómo queramos concluirlo–. Alargar más de la cuenta los solos es un comportamiento clásico de muchos instrumentistas, pero es contraproducente porque el oyente puede perder la atención. Es preferible acabar en el momento justo y dejar al público con ganas de más. Con la experiencia y fijándonos en cómo reacciona el respetable a los diferentes momentos de nuestra interpretación, podemos ir modificando sobre la marcha nuestro solo de manera intuitiva escogiendo a cada paso un nuevo rumbo creativo.

Como confidencia os tengo que decir que, después de muchos años escuchando solos de batería, cuando oigo a un buen baterista acompañando una canción de manera excelente, para mí el resultado es igual o mejor que el que consigue un gran solista, porque tocar un *groove* sobresaliente puede tener las mismas cualidades protagonistas que las de un solo. En tal caso la atención se concentra en el patrón rítmico. Esto pasa en un gran número de canciones en las que la batería hace de hilo conductor y su aportación es clave para el resultado del conjunto.

12
Disciplina de estudio

Cuando empezamos a tocar la batería de forma profesional o incluso como *hobby*, es recomendable hacer un planteamiento de cómo desarrollaremos nuestra formación a lo largo del tiempo. Esto es importante para cuantificar y organizar la disponibilidad de las horas que destinaremos a la práctica y al estudio. Las rutinas diarias, una vez que estén establecidas y en funcionamiento regular, nos harán avanzar progresivamente en las diferentes etapas de la técnica y en la adquisición de la madurez musical. Sin lugar a dudas, para conseguirlo necesitamos el vehículo de la disciplina.

Al principio puede ser fácil adaptarse a las rutinas de estudio, pero lo realmente difícil es mantener una disciplina duradera, que es la base para lograr nuestros objetivos. El esfuerzo que le dediquemos a la práctica con el instrumento será determinante para llegar a ser un buen intérprete. En todos los instrumentos musicales en los que emprendamos el camino del aprendizaje necesitamos sostener en el tiempo la pasión, el entusiasmo y la perseverancia. Generalmente la mayoría de los bateristas –sean niños, jóvenes o adultos– empiezan a tocar porque sienten pasión por la batería. Los instrumentos de percusión llaman mucho la atención y tienen un gran poder de atracción sobre las personas. La vocación para dedicarse profesionalmente a la batería puede despertar en todas las etapas de la vida.

Al comenzar nuestra andadura como músicos, hay un par de preguntas interesantes que conviene plantearse: ¿a qué nivel quiero llegar?, ¿la música será mi profesión? Una vez sopesadas estas preguntas y tomada una decisión, tenemos tres posibles vías de evolución en la batería: la primera es aspirar a altas cotas de virtuosismo, lo que requiere una dedicación absoluta; la segunda, conseguir un dominio medio-alto, para lo que bastará media jornada de estudio diario; y la tercera sería tomárselo como un *hobby*, con una práctica aleatoria de vez en cuando. Lo primordial en cualquiera de estos tres niveles es intentar tocar bien siempre, ya sea que toquemos de manera sencilla o compleja. Escuchando y tocando con sentido conseguiremos la musicalidad que necesita cada pieza.

Entrando en los detalles aproximados de un *planning* básico de estudio, debo deciros que lo primero e imprescindible es estar en contacto con nuestro instrumento prácticamente cada día. Esa es la clave para una evolución progresiva de la técnica, de la memoria muscular, del vocabulario, de la dinámica y de la musicalidad. Hay que tener en cuenta que la organización de los horarios de estudio de cada día se ha de respetar. La primera norma es destinar como mínimo un par de horas diarias a tocar la batería y cumplir con ese plan aunque nieve o truene. Estudiar por las mañanas es muy recomendable, porque disponemos de mayor concentración, de mayor lucidez y de la energía suficiente que nos proporciona el descanso nocturno. Para diseñar el proyecto completo de la formación musical del baterista, también se deben concretar las horas de estudio en las demás asignaturas como el solfeo rítmico-melódico, la armonía o la práctica de un segundo instrumento que nos permita estudiar y comprender los acordes, la melodía y la música en general.

Hay que tener claro que para llegar a dominar a fondo la batería se necesitan años de práctica y tesón; es cierto que cuando haces lo que te gusta no importan las horas que dedicas a tu querido instrumento, porque pasan volando. El tocar regularmente también incide positivamente en nuestro estado de salud y en nuestra forma física. La práctica nos facilita estar a punto, receptivos y preparados para poder afrontar largas sesiones de grabación, conciertos o ensayos. Sin embargo, al mismo tiempo hemos de ser cautos y no forzar la máquina en épocas de mucho trabajo. Saber dosificarnos y prestar atención a nuestro cuerpo nos puede evitar sobrecargas en las articulaciones. Hay que utilizar el sentido común y dedicar más horas de estudio cuando tengamos menos volumen de conciertos.

El estudio ha de ser fluido y, si es posible, con ganas de ir a pasar un buen rato a la sala de ensayo; ello favorece enormemente la comprensión de los contenidos que se planteen para la sesión de estudio. Tenemos que buscar los momentos físico-mentales propicios para el aprendizaje. Optimizar bien el tiempo es una tarea difícil, tocar muchas horas sin control no aporta demasiado. En cambio, si estamos predispuestos y concentrados todo fluirá mucho mejor. A continuación os doy un ejemplo de cómo organizar una rutina de estudio diario: para empezar, podemos establecer unas dos horas regularmente de lunes a viernes, este sería el mínimo ideal, destinando la primera hora al estudio del metrónomo con tempos entre sesenta y ochenta bpm, usando progresiones simples, dobles y rudimentos orquestados en los diversos elementos de la batería. La segunda hora la dedicaríamos a cultivar la musicalidad, tocando encima de canciones grabadas, realizando lecturas variadas o utilizando *playalongs*.

En las rutinas diarias de estudio lo ideal es disponer de nuestra batería lo más cerca posible de nosotros, manteniéndola a punto para poder tocarla a cualquier hora del día. Si tenemos que efectuar desplazamientos largos hasta la sala de ensayo, esta circunstancia puede entorpecer la práctica diaria. Por otro lado, sabemos que la batería produce un alto volumen de sonido y es complicado tocarla en casa porque puede molestar al vecindario; por eso hay que buscar soluciones, como la de tener una sala de ensayo alquilada cerca de nuestro domicilio o una cabina insonorizada en casa –esta opción es viable si tenemos los recursos necesarios para comprarla–. Conseguir esta proximidad con el instrumento es fundamental para facilitar el ejercicio habitual. Los *pads* de goma y las baterías electrónicas pueden ser un recurso alternativo para el estudio, pero nunca nos darán el tacto y la dinámica de una batería acústica, por ello siempre ha de primar la práctica en el *set* acústico.

Otro de los factores cruciales es el acondicionamiento del lugar donde practicamos (la sala de ensayo). Este espacio es esencial y merece toda nuestra atención. Normalmente se pasan muchas horas en la sala de ensayo y esta debe estar bien insonorizada y equipada. Además, nos ha de transmitir tranquilidad y buen *feeling* –no es broma–. El lugar donde estudiamos y trabajamos ha de emitir buena energía y debe tener unos estándares de confortabilidad correctos, tirando a medio-altos si es posible. Los elementos fundamentales que debe reunir son estos: una buena iluminación (si es posible con luz natural); renovación del aire mediante ventanas o forzada por máquinas que faciliten la entrada de aire limpio y la salida del aire viciado; un climatizador para frío y calor; una buena absorción acústica para amortiguar el sonido; y, por último, una batería que esté en perfectas condiciones de uso y bien afinada. Estos factores son determinantes para estar cómodo en un espacio de estudio y de trabajo si queremos optimizar los resultados del tiempo de práctica.

Una vez que hayamos finalizado el programa estándar de estudios de batería –sea en una escuela reglada, con clases particulares o de manera autodidacta–, el camino del aprendizaje debe continuar y tendremos que buscar nuevos retos creativos para seguir creciendo musicalmente. Para mantener vivo el anhelo de progreso musical, podemos emprender nuevas investigaciones rítmicas en temas como los compases de amalgama, el vocabulario complejo o los nuevos estilos que nos empujen hacia la práctica y desarrollo del instrumento. Conseguir y sostener estos objetivos a lo largo de nuestra carrera es un noble fin, porque así nos mantendremos en un constante flujo creativo en conexión con la música. Y recordad que es indispensable llevar a cabo un estudio y una práctica de calidad, huyendo del estudio tedioso que no lleva a ninguna parte.

13
Bateristas 2.0

Ahora os voy a hablar de otros seis bateristas que tienen un nivel y una clase fuera de lo normal, que marcan tendencia por su singularidad y llevan el instrumento a la excelencia en la interpretación musical.

Steve Jordan, actualmente de gira con los Rolling Stones, es uno de los bateristas con más *groove* del planeta y que puede tocar una canción de manera sobresaliente sin hacer ni un *break*, solo con un bombo, una caja y un *charles*. Se dio a conocer siendo muy joven con la banda del programa *Saturday Night Live* y con los Blues Brothers, con cuyo grupo ya despuntaba tocando *blues*, *funk* y *soul*.

Para el análisis baterístico de Jordan, en primer lugar destacaré su colaboración con Donald Fagen en el álbum *The Nightfly*. Escuchad el último tema del álbum en el que colabora Jordan, *Between The Raindrops*. La canción se mueve entre el *swing* y el *shuffle* y es increíble cómo *camina*; he tocado muchas veces encima de este tema para aproximarme a su andadura y es altamente recomendable utilizarlo para estudiar *shuffle*. Otro tema que merece la pena escuchar es *Flaca* de Andrés Calamaro, grabado en Nueva York con Jordan a la batería. Se trata de un patrón muy sencillo con un ritmo lineal sin variaciones, sin *breaks* y grabado sin *click* –este detalle lo explica en una entrevista el productor del álbum, Joe Blaney–. En definitiva: el arte del *groove* en estado puro. Finalmente, os recomiendo escuchar sus trabajos como batería y productor de John Mayer, Robert Cray, Keith Richards o Buddy Guy. Es evidente que tiene un talento innato para el ritmo. Asimismo, su dilatada carrera y la variedad de artistas con los que ha colaborado lo han llevado a lo más alto en la música y en el *groove*.

Dave Weckl revolucionó la batería en los años ochenta y noventa con un nuevo vocabulario rítmico nunca oído hasta entonces. Nadie había llevado a ese nivel la técnica de las subdivisiones rítmicas, él abrió el camino. Sus solos son técnicamente apabullantes, y lo mejor de todo es que no hay ni una sola nota fuera, con o sin *click*. Su participación en el grupo Chick Corea Akoustic Band lo catapultó a la fama a nivel internacional. En esos años también grabó muchos discos como músico de sesión para el sello GRP Records. Escuchad todos los discos de la GRP All-Star Big Band dirigidos por Dave Grusin. Los primeros métodos de batería de Weckl publicados por la editorial Manhattan Music son transcripciones de los vídeos que hizo para DCI Music Video. Había mucha expectación en torno a estos materiales innovadores por parte de profesores, alumnos y aficionados a la batería para poder analizarlos y entender cómo tocaba Weckl este nuevo vocabulario. Después de años de escuchar y estudiar su técnica, entendí que a él le sale así y es su manera natural de tocar, aunque está claro que ha dedicado muchísimas horas a perfeccionarla.

En estas dos primeras descripciones de bateristas vemos claramente la disparidad del enfoque musical de cada uno de ellos, los *caminos* son múltiples.

Jeff Porcaro es un baterista de *pop rock* de ensueño. Empezaré por deciros que grabó en el disco *Thriller* de Michael Jackson, fue también miembro fundador del grupo Toto y sus grabaciones como músico de sesión son innumerables, con bandas y artistas como Dire Straits, Steely Dan, Madonna, Paul McCartney, Donald Fagen, Bruce Springsteen o Aretha Franklin. Su padre era Joe Porcaro, otro grandísimo batería y desarrollador del instrumento. Jeff nunca hacía solos de batería, concebía el instrumento para el acompañamiento. Su sonido se caracterizaba por una caja afinada en media tensión con cuerpo, y el bombo y los *toms* afinados también con un sonido amplio. En general llevaba una afinación cálida y grande, pero con mucho *punch*. Su mezcla natural de volúmenes entre la caja, el bombo y el *charles* es increíble –tocar un patrón y encontrar el volumen ideal entre las tres piezas es todo un arte–. Podéis escuchar como referencia la balada *The Girl Is Mine* del álbum *Thriller*, cantada a dúo por los fantásticos Paul McCartney y Michael Jackson. Desgraciadamente Jeff Porcaro nos dejó a principios de los años noventa.

Questlove es un baterista y productor de referencia de estilos como el *hip hop, R&B* o *neo soul*. Además, es miembro fundador del grupo de *rap* alternativo The Roots y director musical en el programa de televisión (*Late Night*) de Jimmy Fallon. Él fue uno de los primeros bateristas en subir el listón de los patrones rítmicos en estos nuevos estilos a finales de los años noventa. Su trabajo con D'Angelo en el disco *Voodoo* es un ejemplo extraordinario para escuchar dichos ritmos. En este álbum podemos analizar cómo se utilizan los golpes de la caja y el bombo retrasados y un poco fuera del *groove*.

Para crear esta sensación rítmica se utilizan los patrones binarios mezclados con ternarios. *Voodoo* se publicó hace veinte años aproximadamente y sigue siendo una gran inspiración para el desarrollo de nuevas creaciones en la batería moderna. En su enfoque musical oímos que es un batería que siempre toca acompañando con patrones aparentemente sencillos y utilizando *breaks* minimalistas; esta simplicidad alberga una gran sabiduría en el acompañamiento rítmico. Su faceta de productor le hace escoger muy bien qué ha de tocar en cada canción. Es muy cuidadoso con el sonido y sobre todo con las cajas, que le suenan especialmente bien, tocadas con muchísimo *punch* y mucho *groove*.

Marcus Gilmore es uno de los baterías del panorama de *jazz* actual que más está llamando la atención; es nieto del legendario Roy Haynes. Tiene un sonido de batería precioso y con mucha personalidad. Su vocabulario rítmico es muy original, domina a la perfección las subdivisiones rítmicas y las métricas irregulares, las toca de manera natural y musical, integrándolas dentro de las canciones a la perfección. Además, es muy creativo buscando nuevos sonidos. Podéis escucharlo en el álbum *Antidote,* de Chick Corea, en la primera canción del álbum, en la que también colabora Rubén Blades: Gilmore toca un patrón de *latin jazz* magnífico, superempastado en la canción –como curiosidad, escuchad cómo el tempo sube hacia la mitad del tema–. He analizado transcripciones rítmicas de algunos de los conciertos y demostraciones de Gilmore y mi conclusión es que su extenso vocabulario es impresionante, domina todo tipo de métricas y modulaciones rítmicas tocadas con musicalidad y empastadas en la canción.

Homer Steinweiss es un baterista moderno pero que toca *funk* de la vieja escuela como pocos. Miembro del grupo de Sharon Jones & The Dap-Kings desde sus inicios, es uno de los mejores en ese estilo retro que recrea a la perfección el sonido de la batería *funk* de la década de 1970. Toca el vocabulario exacto del género haciéndolo *caminar* de una manera fantástica. Está muy solicitado para grabaciones que necesitan ese tipo de sonido de *groove* retro. Entre sus grabaciones más destacadas para otros artistas encontramos nombres como Amy Winehouse, Mark Ronson y Adele. Normalmente graba las baterías en un estudio de Brooklyn, Nueva York, donde todas las máquinas son analógicas y el soporte de grabación es en cinta; esto le proporciona un sonido cálido y con un *punch* maravilloso que recrea el sonido retro. Tuve la fortuna de verlo en directo en la mítica sala La Boîte de Barcelona con Sharon Jones –cuando aún no eran tan conocidos– y estuve a un metro del escenario pudiendo disfrutar con todo detalle de los matices de la actuación.

14
Estilos

En la música moderna contamos con una gran diversidad de estilos musicales –también llamados géneros y subgéneros– que hacen que dispongamos de una enorme extensión de variantes rítmicas, armónicas y melódicas, las cuales a su vez permiten que cada canción sea única, partiendo de los ritmos fundamentales de cada estilo. La función creativa de un baterista será adaptarlos a su manera de tocar, buscando la originalidad y la conjunción rítmica en el tema. Todas estas características y posibilidades hacen que sea complejo dominar en profundidad diversos estilos, y por eso lo más común en el ámbito de los bateristas profesionales o aficionados es dominar bien un solo estilo y en el resto tener nociones medias o básicas.

El sonido de la batería contemporánea encaja perfectamente en la mayoría de los estilos actuales. Esta cualidad de empaste en el sonido viene dada porque el bombo tiene un tono grave, la caja tiene un tono medio y el *charles* un tono agudo. Antes de la invención de la batería, estos tres elementos se tocaban como instrumentos individuales. El origen de la batería se localiza en Estados Unidos hacia 1890. Si analizamos los tonos individuales de un patrón básico de batería, podremos apreciar cómo se producen los tres rangos de frecuencias en el sonido: las frecuencias agudas están en los platos (entre los 2000 y los 4000 Hz), las medias en la caja (de 500 a 1000 Hz), y las graves en el bombo (de los 125 a los 250 Hz). Esta amplia franja de frecuencias sonoras hacen posible el gran poder de empaste de la batería.

Actualmente, una variante importante en el sonido rítmico resulta de la fusión de lo acústico y lo electrónico incluyendo ritmos híbridos tocados por un baterista. Desde la creación a finales de la década de 1970 de las cajas de ritmos y las baterías electrónicas, este sector no ha parado de desarrollarse. Gran cantidad de subgéneros musicales utilizan secuencias rítmicas programadas. La buena noticia para los bateristas es que estos *loops* (bucles) de sonidos electrónicos se entrelazan perfectamente con la batería acústica, y las combinaciones de estas diversas texturas sonoras nos permiten experimentar creativamente en todo tipo de estilos. Los *pads, multipads* y *triggers* de varias generaciones también nos ofrecen un amplio abanico de posibilidades para disparar sonidos que se pueden alterar y programar a gusto. Con esta amalgama de sonidos electrónicos y acústicos podemos configurar un *set* de batería híbrido que nos permita ensamblarnos en cualquier música actual.

En la historia de la batería hay grandes bateristas de referencia que solo han tocado un único género. Analizar su trayectoria nos puede ayudar a comprender cómo han desarrollado su instrumento y su carrera a lo largo del tiempo. Mantener una decisión de este tipo durante años refleja la congruencia del enfoque personal con las preferencias musicales de un músico desde el principio hasta el final de su carrera. Esta claridad en la determinación estilística puede venir dada por el talento innato orientado hacia un estilo determinado, sin olvidar la dificultad que entraña tocar bien un solo estilo musical. Por otra parte, los diversos tipos de dinámica de cada estilo hacen que un músico de sesión tenga que desarrollar una técnica de golpeo general que le permita adaptarse a cualquier situación, pero los bateristas que solo interpretan un género tendrán problemas de adaptación dinámica a otros géneros. Un ejemplo lo tenemos en el vocabulario rítmico específico de un género como el *jazz*, que requiere una pegada totalmente diferente a la pegada estándar del *rock*. Este es un camino selecto en la interpretación que necesita años de especialización, pero su pegada no sirve para el *pop*, el *rock* o el *funk*. En tales casos hablamos de bateristas que se han dedicado toda la vida solamente a tocar *jazz* o *rock*, por ejemplo. Es muy loable esta pasión y compromiso hacia un solo estilo.

Para comprender, interpretar y dominar cualquier estilo se necesita un largo tiempo de aprendizaje, se han de escuchar muchas grabaciones estudiando bien su lenguaje para luego tocar con el *sabor* propio de cada género. Además, el sonido de la batería es otro de los factores básicos a tener en cuenta, porque hay que configurar sus timbres según el estilo que vayamos a tocar, procurando que encajen perfectamente en la sonoridad y en la función rítmica de la canción que se vaya a interpretar. La batería tiene que sonar bien con todos sus timbres empastados en cualquier estilo. Debemos hacer una inmersión musical profunda en cada estilo para descifrar qué sonido y qué vocabulario hemos de emplear. Por ejemplo, el baterista moderno al que le guste tocar *rock* y quiera especializarse en él, lo primero que debe escuchar es a los bateristas clásicos del género, como Charlie

Watts (Rolling Stones), John Bonham (Led Zeppelin), Ringo Starr (The Beatles), Keith Moon (The Who), Phil Rudd (AC/DC) o Jeff Porcaro (Toto).

Asimismo, en los estilos como el *blues*, el *rhythm and blues*, el *shuffle* o el *swing*, en los que predominan las figuras ternarias, tendremos que afinar más el oído para identificar cómo se debe caminar en ese tipo de ritmos y cómo empastarnos para que funcionen bien. Para colocar las corcheas del tresillo en su sitio hacen falta mucha sutileza y sensibilidad, de modo que el ciclo del *groove* camine redondo y resulte hipnótico. Los bateristas Bernard Purdie y James Gadson son dos de los principales referentes en estos *grooves*.

En el *funk* debemos hacer una escucha obligada de James Brown, por la notoriedad rítmica del género y por la particularidad del artista. La mayoría de los patrones rítmicos de *funk* están tocados rectos (*straight eights*) con un ligero *swing* y con numerosas *ghost notes*. Esto hace que el patrón *camine* con gran energía, pero es un arte hacer que suene bien. Brown solía llevar a dos bateristas tocando a la vez, lo cual hacía sonar a la base rítmica como una *apisonadora* del *groove*. Dos de los bateristas más aclamados que formaron parte de la banda de Brown son Clyde Stubblefield y John 'Jabo' Starks.

Un ejemplo que resulta apropiado e interesante explicar en este capítulo, por su cercanía y por la diversidad estilística del repertorio, es el del artista Juan Perro (Santiago Auserón). En el año 1997, cuando un colega me recomendó escuchar su primer álbum *Raíces al viento*, publicado en 1995, me pareció cautivador. Desde entonces he seguido su carrera. En su discografía podemos encontrar una gran variedad de estilos rítmicos como el *blues,* el *rock,* el *soul,* el *son* y la *rumba afrocubana,* el *rhythm and blues,* el *jazz* y el *funk.* Para todo baterista, tocar este repertorio es un gran reto por los diferentes estilos musicales que comprende. Es una tarea exigente y que requiere bateristas con una gran polivalencia y versatilidad, porque es realmente difícil interpretar cada estilo con su esencia, técnica y vocabulario. Y además, cuando ya tenemos todas estas cualidades dispuestas al servicio de la canción, solo falta *galvanizarlo* con arte. Por esta mítica banda han pasado bateristas y percusionistas de renombre como Tino Di Geraldo, Luis Dulzaides, Sergio Castillo, Moisés Porro, Pedro Barceló, Marc Miralta, Roger Blàvia y Vicente Climent. Cogiendo el relevo a estos magníficos bateristas, desde el año 2017 tengo el honor de formar parte de la banda. Por mi propia experiencia en ella, corroboro la complejidad en la interpretación de diversos estilos en un mismo repertorio. Asimismo, para una buena preparación de este tipo de repertorios, es necesario realizar investigaciones previas analizando minuciosamente la música original del artista, escuchando las intervenciones de nuestros colegas en la discografía de referencia, y realizando un amplio estudio de las raíces rítmicas de cada género con audios y partituras aclaratorias que nos faciliten la comprensión del vocabulario rítmico.

15
En estudio y en directo

Los dos ámbitos principales donde se desarrolla la actividad pública de un baterista son el estudio de grabación y las actuaciones en directo. En estos dos tipos de eventos tenemos numerosas ocasiones para desplegar nuestras artes y ofrecer la mejor versión de nosotros mismos como instrumentistas.

El estudio de grabación es un lugar extraordinario donde desempeñar el oficio del baterista y a la mayoría de los músicos les encanta ir a grabar. En el caso de los músicos de sesión, su presencia en los estudios es muy frecuente. En una sesión de grabación se suelen detectar rápidamente las artes asimiladas por un baterista, y es uno de los terrenos más comprometidos para cualquier músico. Cuando los ingenieros de grabación pulsan el botón de *rec* –y la cinta analógica o el *Pro Tools* empiezan a grabar– se oye todo con la mayor precisión, y si la grabación se realiza con metrónomo todavía se hace más obvia la situación de las notas en el tempo. Todos los golpes se escuchan al detalle y se hace evidente si están tocados en su sitio o no. Además de toda esta complejidad, se ha de tocar con arte para que todo *camine* y funcione a la perfección. Cuando hayamos grabado una toma, siempre se ha de escuchar con atención lo que se ha grabado y tratar de mejorar lo que no funciona. Todos los golpes del tema deben sonar fluidos, dinámicamente equilibrados y con un timbre exquisito. Para avanzar musicalmente es conveniente acumular experiencia grabando baterías en estudio y escuchar el resultado examinando hasta el más mínimo detalle de nuestras interpretaciones. Este análisis nos ayudará a comprender qué es lo que funciona y lo que no, así potenciaremos nuestro oído, nuestra musicalidad y nuestra capacidad para empastar en el conjunto. La clave es tocar lo que necesita la canción. Esta es una regla de oro que no debemos olvidar nunca.

Las grabaciones de estudio en las que los músicos están tocando a la vez son especialmente interesantes. Los álbumes que están grabados de esta manera tienen un sonido particular por el empaste que alcanzan los instrumentos dentro de las canciones. Hay una corriente notable de artistas y grupos que son partidarios de grabar de esta manera artesanal reduciendo al mínimo la edición digital. Un ejemplo de ello en el que he participado recientemente son los dos últimos álbumes de la Banda de Juan Perro: *Cantos de ultramar* (2019) y *Libertad* (2021). En estas dos producciones grabamos todas las bases tocando a la vez y sin claqueta. Las canciones tienen el pulso humano y la magia de una buena toma en directo. Muchos artistas nacionales e internacionales piensan de igual manera, en captar tomas con hechizo sonoro, grabadas en directo y sin claqueta.

Asimismo, grabar de arriba abajo las canciones en tomas enteras sin cortar ni pegar partes es otra de las cosas que dan coherencia musical a la canción. Esta técnica tradicional de grabación está defendida en innumerables álbumes de éxito por bateristas como Jeff Porcaro, Steve Gadd, Charlie Watts, John Bonham o Ringo Starr. Cuando el baterista es bueno con el tempo, se puede grabar sin *click*, y si luego fuera necesario hacer empalmes entre partes, el tempo encajará perfectamente. Esto define a un buen baterista.

Otro ejemplo de referencia de grabaciones grupales en estudio es el de Frank Sinatra. Cuando grababa en estudio, generalmente lo hacía en medio de la orquesta, sin auriculares ni cabinas acristaladas, le gustaba sentir el empuje de la orquesta. Esto es muy significativo, porque Sinatra, que es uno de los grandes, ya tenía claro cuál es la mejor manera de sacar el máximo rendimiento de las interpretaciones vocales e instrumentales: con la escucha al natural teniendo el control absoluto del sonido y de la dinámica.

En las actuaciones en directo, el primer reto al que nos enfrentamos son los diferentes tipos de escenarios, que pueden ser enormes como en un estadio, medianos como en un teatro o muy pequeños como en un club de *jazz*. La idea dominante para la interpretación en cualquiera de estos espacios ha de ser la misma: tocar relajado y empastado con nuestros compañeros. Por otra parte, cuando tocamos en directo pueden darse circunstancias desfavorables que amenacen con hacernos perder la concentración; para minimizarlas podemos utilizar una serie de recursos que ayudarán a que todo fluya correctamente y sea posible un buen desarrollo del concierto. A continuación, os explico algunos consejos que os pueden servir de ayuda para estar cómodos y dejaros llevar por la interpretación.

Lo primero a tener en cuenta es saber cómo afectará la distancia que tengamos en el escenario con respecto al resto de los músicos. Cuanto más cerca toquemos de nuestros compañeros mejor será la escucha natural para todos, eso sí, partiendo de que nadie se exceda con los volúmenes individuales dificultando una mezcla escénica con sentido común. Controlar nuestro volumen en el escenario es fundamental porque nos permitirá mayor rango de dinámica y más espacio para la escucha de los otros instrumentistas. Podremos conjuntarnos mucho mejor tocando con menos volumen y mayor relajación muscular. Esto no significa tocar sin *punch*, pues debemos tocar siempre con él a cualquier volumen. Partiendo de estas premisas, podemos optar a la excelencia en el sonido. Si las distancias entre los músicos en el escenario son grandes por la disposición del *show*, solo nos quedará la opción de escuchar por monitores de suelo o por auriculares.

Los micrófonos son factores importantes que afectan a nuestro sonido en estudio o en directo, y en consecuencia debemos tener un mínimo de conocimientos de sus características y del tipo de sonido que producen. Disponemos de diferentes opciones: los de cinta, los de condensador y los dinámicos. Cada uno de ellos nos dará un color y un ataque diferentes, y saber cuáles encajan con nuestro sonido es fundamental. Está claro que hay algunos modelos que son clásicos en la grabación de baterías: un Shure SM57 para la caja, un Shure Beta 52 para el bombo, unos Sennheiser 421 para los *toms*, un par de Coles 4038 para *overheads* (ambientes) y en el *charles* un Neumann KM184 o Beyerdynamic M160. Hay muchas grabaciones de baterías que están realizadas con estos micrófonos y el resultado es genial.

La escucha que tengamos por monitores o por auriculares en cualquier ámbito musical debe ajustarse al mínimo volumen posible para no dañarnos los oídos a largo plazo. Esto es sumamente importante sobre todo para los bateristas, porque nuestro instrumento por sí solo puede alcanzar unos 110 dB rápidamente si no controlamos nuestra dinámica. Ante una sobreexposición a volúmenes altos se recomienda utilizar cualquier método de reducción sonora, como los tapones. La nueva generación de auriculares de diadema que ha lanzado Vic Firth funciona extraordinariamente bien en el aislamiento justo para mezclar la batería con el resto de la música.

Para terminar este capítulo, en determinadas ocasiones en las que tengamos dudas sobre los tempos de las canciones, es recomendable contar con un metrónomo que nos dé estas referencias, ya sea a través de unos auriculares de diadema ligeros, *in ears* o por sistema visual –*clicks* mediante una señal luminosa–. Algunos metrónomos están diseñados para poder realizar ambas funciones. Los Tama Rhythm Watch son los que he visto habitualmente a mis compañeros en giras internacionales y mi experiencia con ellos también es altamente satisfactoria. Ver el tempo de referencia por la luz del *click* es una opción discreta que funciona bien en directo y que te permite entrar con seguridad en el nuevo tema. Cuando acaba una canción, dispones de unos segundos entre tema y tema para ajustar el metrónomo al nuevo tempo y retenerlo mentalmente. En estos pocos segundos tienes que sumergirte en el *feeling* de la siguiente canción y entrar desde la primera nota *caminando* y empastando con el sonido general.

16
Libros top

En la actualidad disponemos de un panorama muy extenso de libros para aprender a tocar la batería, que desde la década de 1930 hasta hoy no ha parado de crecer. Los dos tipos que más nos interesan son los específicos de caja y los de batería completa. Desde finales de la primera mitad del siglo XX se han ido publicando paulatinamente, hasta formar una amplia biblioteca que concierne a las diferentes técnicas y visiones del instrumento, las cuales están en constante evolución. La selección de libros que he realizado para este capítulo está basada en los más importantes, didácticos, accesibles, recomendados por relevantes baterías y utilizados por las mejores escuelas de música, tales como el Aula de Músicos de Barcelona, el Drummers Collective de Nueva York o el Berklee College of Music de Massachusetts.

Empecemos por el *bestseller* de los métodos de caja, el atemporal *Stick Control* de George Lawrence Stone. Es uno de los primeros libros de técnica de baquetas, con ejercicios de combinaciones simples, dobles y *flams*. Hasta su publicación en 1935 no existía nada parecido. La mayoría de los libros de técnica de caja posteriores se inspiran en él, de modo que es el mayor referente de todos los tiempos y sin lugar a dudas lo debéis tener en vuestra biblioteca para estudiarlo a fondo.

Hay otro libro al que le tengo especial aprecio porque fue el primero que cayó en mis manos cuando empecé a estudiar con mi primer maestro, Manel Segarra, y se titula *Ejercicios para la batería pop,* de Elías Gil, publicado en 1979. Es un libro creado y editado en nuestro país por un baterista mallorquín; sus contenidos y su maquetación son buenísimos. La primera parte del libro está dedicada a combinaciones de caja con un vocabulario rítmico simple, y en estos ejercicios hay cierta inspiración que proviene del libro *Stick Control,* cómo no. Es casi imposible que un libro que contenga *sticking* no tenga influencias de él. En el libro de Gil hay un desarrollo de las combinaciones simples muy interesante y amplio. La segunda parte del libro trata de patrones *pop, rock* y *funk.* Estas partes también están muy bien concebidas, de manera progresiva y eficaz para una buena comprensión rítmica. En definitiva: ¡es un libro excelente!

En mi segunda etapa de estudios de batería en el Aula de Músicos, de la mano del profesor Quim Solé, descubrí los magníficos ejercicios del capítulo *Gammes* que forma parte del libro *Méthode de batterie, Volume II,* de Dante Agostini. Estas veintitrés páginas son maravillosas y de gran utilidad para el vocabulario del batería moderno. Dante Agostini fue un batería y profesor de batería francés nacido en Italia. La escuela de batería Agostini fue la primera que se creó en Europa en 1964. Sus seis volúmenes de estudios de batería son una obra completa que abarca desde el nivel básico al superior. Creo que es la obra más extensa escrita para nuestro instrumento. Os la recomiendo encarecidamente.

El siguiente libro es *Master Studies* de Joe Morello. En él tenemos las famosas progresiones simples y dobles, dos escalas rítmicas fundamentales que se han de dominar perfectamente. Las progresiones son un estándar rítmico y deberían estar en todos los libros de caja y de batería, pero solo las he visto en algunas ediciones puntuales. En mi opinión, la mejor transcripción está en el libro de Morello.

Para completar la descripción de los libros que tratan de la técnica fundamental, añadamos *Syncopation,* de Ted Reed, publicado en 1958, que también es uno de los libros clásicos de caja. Todas sus páginas están dedicadas a lecturas rítmicas sincopadas tocadas en la caja, pero una vez interiorizadas se pueden orquestar en toda la batería. Estos ejercicios rítmicos están creados con un sentido muy melódico, y además permiten una asimilación extraordinariamente rápida para memorizarlos como vocabulario interno del batería.

Por otra parte, haciendo un pequeño giro hacia los métodos específicos de patrones rítmicos, os voy a mencionar el libro de batería de *jazz* que más me ha gustado hasta la fecha, por la genialidad progresiva de sus contenidos y la funcionalidad que estos tienen: *Jazz Bible of Coordination* de Joel Rothman, publicado en 1976. Sin lugar a dudas es el mejor para aprender a tocar *jazz*. Tocar en ternario es todo un arte y con este libro –que tiene unos ejercicios de coordinación extraordinarios– subiréis un escalón en los patrones melódicos en clave de *jazz*.

A principio de los años noventa empezaron a ponerse de moda los métodos de batería contemporánea que incorporaban un disco de referencia; con este soporte de audio se podían escuchar las lecciones interpretadas por el propio autor. Posteriormente se avanzó hacia los *playalong,* y la novedad de estos es que permitían poder tocar las piezas musicales del método con y sin la batería original. Esto supuso un gran avance en el campo de la enseñanza musical en todo el mundo. El creador y editor pionero en este tipo de libros *playalong series* fue Jamey Aebersold, con el primer lanzamiento en 1967. Son los líderes en el campo del *jazz* y han desarrollado libros para todos los instrumentos, poniendo a nuestra disposición un catálogo muy extenso.

En el ámbito de la batería, uno de los primeros métodos complementados con dos discos y con partituras fue *Contemporary Drummer Plus One* de Dave Weckl, publicado en 1987. Este libro revolucionó el panorama de la batería por su carácter innovador, por su complejidad y por la transcripción minuciosa de todos los arreglos. Después de este libro, Weckl lanzó *Back to Basics,* publicado en 1992, donde se transcriben los contenidos de su vídeo didáctico en el que explica las técnicas básicas de la batería. Este tipo de formato de libro transcrito desde un vídeo es muy común hoy en día.

En 1994 se publicó *The Art of Bop Drumming,* de John Riley, que también es un *bestseller* de la batería de *jazz.* ¡Indispensable! Contiene unos textos amplios y muchos ejemplos de cómo ejecutar cada ejercicio. También explica la historia, el estilo y el vocabulario de la batería de *jazz,* y profundiza en el uso de las escobillas, con dibujos muy aclaratorios sobre los diversos rellenos que podemos utilizar con ellas sobre la caja. En la parte final del libro disponemos de seis canciones –con audios y partituras– para poder tocar con o sin batería.

Y con respecto a las escobillas de *jazz,* uno de los grandes referentes del que no me puedo olvidar es Ed Thigpen por su libro *The Essence of Brushes,* publicado en 1991. Esta obra se ha reeditado numerosas veces. Thigpen fue uno de los maestros en este terreno y dominaba las escobillas con excelencia. En cualquier grabación que escuchéis donde toca él, apreciaréis su sonido cálido y empastado, la increíble métrica y el *swing* que tenía tocando.

El último libro de esta selección concierne a un baterista que toca en una *big band*: *Vienna Big Band Machine*, de Walter Grassmann, publicado en 1993. Gracias a libros como este –se trata de un *playalong* con partituras–, los bateristas podemos practicar con una gran banda de músicos. En esta producción las canciones suenan muy bien, tienen excelentes arreglos musicales y una interpretación fantástica por parte de la *Big Band*. El libro es una gran herramienta para estudiar y te permite practicar con arreglos de gran formato en tu propio local de ensayo. La lectura de estas partituras es de gran interés por la magnífica transcripción y edición que han realizado. ¡Es de diez! Hay que resaltar que tiene catorce temas de diversos estilos musicales: *jazz*, *funk*, *latin jazz*, *groove*, *pop* o *ballad*. Toda esta variedad estilística le da al método una transversalidad de gran valor. Para un batería moderno que quiera ser músico de sesión le será de gran ayuda. Como curiosidad añadiré que en los exámenes finales de batería del grado superior del Aula de Músicos de Barcelona entraban materiales didácticos de los libros anteriormente comentados.

17
Repertorios

A lo largo de la carrera de un músico profesional es habitual el estudio de repertorios de diversos estilos y formas que suponen un desafío para el instrumentista. Su asimilación se deberá completar en amplios o cortos espacios de tiempo según lo requieran las circunstancias. Hay que estar preparado para todo tipo de situaciones y, sobre todo, tener desarrollado un gran espectro estilístico que nos ayude a afrontar y manejar adecuadamente cada repertorio.

La preparación de un repertorio se desarrolla en diferentes etapas y en cada una de ellas debemos prestar toda nuestra atención en aras de una mayor comprensión de la música y del proyecto. Lo primero que tenemos que hacer es una inmersión general en el estilo y en la trayectoria del artista o del grupo en cuestión. Esto es necesario para obtener una visión completa del proyecto y del repertorio. Posteriormente, entrando en los detalles de cada tema, se debe analizar minuciosamente qué está haciendo la batería y también las líneas de los demás instrumentos, así como los arreglos, con objeto de decidir cómo podemos aportar nuestro toque a la canción para tratar de mejorarla musicalmente. Una vez asumidas estas premisas, el baterista tiene que buscar la coherencia sonora de la batería dentro de todo el *set list* (repertorio), dándole una lógica a todo el conjunto de temas con un buen sonido y una continuidad rítmica fluida.

Otra de las cosas determinantes para una actuación en directo es el orden del repertorio; es importante que esté bien configurado para que el *show* sea un éxito. Nuestra labor en la batería puede verse afectada por un mal orden de los ritmos en el repertorio. Ordenar las canciones de un repertorio de principio a fin requiere oficio, y para hacerlo hay que disponer de los argumentos que proporciona la experiencia, además de la picardía de observar cómo reacciona el público en la mayoría de los conciertos. Las canciones del repertorio deben relacionarse entre sí y se debe saber cuál será la posición donde funcionarán mejor, así como los momentos fuertes y débiles en la configuración del orden. Hay que tener todo esto en cuenta para que la audiencia no pierda el interés y se mantenga la chispa durante todo el *show*. Sobre este asunto tan importante Miles Davis decía: «Un espectáculo en directo debe tener tres partes importantes: una apertura, un punto medio y un final». Si esto se cumple, todo el recital mantendrá el clímax de principio a fin.

Con las experiencias que vayamos acumulando con el tiempo en los diferentes repertorios iremos ganando recursos y madurez para afrontar los siguientes desafíos. Se ha de estar preparado para poder tocar diferentes repertorios de un día para otro o incluso en el mismo día. Dependiendo del volumen de trabajo que tengamos, se pueden llegar a dar casos puntuales en los que se deban tocar cinco, seis o siete repertorios distintos en una semana. Ya sabéis, en el mundo de la música esto puede variar drásticamente de un mes para otro y en el siguiente mes no tener prácticamente ningún concierto. La vida laboral del músico es como una montaña rusa de subidas y bajadas; por tanto, la gestión de cómo preparar y enfocar los repertorios de una manera eficaz en el momento en que nos llegue el trabajo, aunque tengamos poco tiempo para prepararlos, es importante. En cada proyecto en el que nos involucremos se ha de dar el máximo nivel posible.

Cuando formamos parte de un grupo y llevamos tiempo tocando juntos, es lógico conocerse las canciones a fondo y sabérselas de memoria. En tales circunstancias podemos interpretarlas con una mayor expresión en los matices, habiendo interiorizado los tempos y adquirido el control de las diferentes partes y arreglos. Esta asimilación nos permite tocar con soltura y concentrarnos en el flujo rítmico y en el empaste de la canción. La mayoría de los repertorios se preparan con partituras para facilitar su comprensión; es evidente que si la música es compleja o hay una gran extensión de contenidos, será de gran utilidad tener toda la música escrita. Actualmente existe una gran cantidad de *softwares* de notación musical para cualquier ordenador; algunos de ellos son gratuitos, como es el caso del excelente programa *MuseScore*. Con estos programas, escribir las partituras de batería resulta mucho más fácil. Todos estos programas han evolucionado mucho en los últimos años y son de mejor comprensión que los de antaño. Las partituras hechas a mano son hermosas, pero para la lectura a primera vista pueden ser difíciles de interpretar, sobre todo si no son de nuestro puño y letra. Por eso cada vez es más común y recomendable utilizar los formatos digitales.

Otra variable común es la de trabajar con artistas que no quieren que utilicemos partituras en sus actuaciones en directo. Para ellos es indispensable que tengamos su repertorio asimilado y nos lo sepamos de memoria. La lectura de partituras en cualquier situación musical te hace estar un poco escindido, porque tienes que hacer una pequeña división mental entre la lectura y la escucha de la música. En cambio, tocando de memoria, la concentración en la música es total. Conocer las canciones a la perfección te permite tocar con más soltura y mejorar la interacción con tus compañeros, y, en definitiva, estar metido a fondo en la actuación. Para mí es lo más natural y siempre que puedo me aprendo el repertorio de memoria, porque la diferencia en la interpretación es abismal. Es cierto que un músico de sesión no puede aprenderse cada semana un repertorio nuevo, pero solo intentando memorizar algunas partes ya le daremos otro aire; y si las circunstancias lo permiten y lo podemos preparar con el estudio y los ensayos necesarios, el resultado será extraordinario.

A continuación añado algunos consejos que funcionan bien para la preparación de un repertorio: el primero consiste en tocar *encima* del audio de las canciones tantas veces como sea posible, así nos aprenderemos los patrones rítmicos y los arreglos, memorizaremos los movimientos, y ajustaremos nuestro *groove* interno al pulso original de los temas. Además, realizar escuchas de canciones similares nos ayudará a comprender mejor los géneros y los vocabularios, lo que representará un valor añadido para todo el repertorio.

El segundo consejo es adecuado para cuando estamos tocando un *set list* en directo y nos encontramos con diversos tipos de entradas a las canciones. Nuestro principal objetivo en las introducciones a los temas es ofrecer conducción y seguridad a la banda, ya sea entrando todos juntos, con la batería entrando sola o dando el tempo de referencia a un compañero. Por ejemplo: para dar los tempos de entrada podemos utilizar la memoria y cantar la melodía como referencia del tempo, dando acto seguido la cuenta de entrada. Cuando no sea posible aplicar este método porque no nos acordamos de la canción, utilizaremos un metrónomo escuchándolo con unos auriculares de diadema o *in ears* –que podemos retirar una vez haya comenzado el tema o seguir con ellos durante toda la canción si es necesario–. También recordad que los *leds* visuales del metrónomo (tempo visual) son una buena herramienta que puede reemplazar a los auriculares durante todo el tema.

Otro buen recurso para la gestión de entradas es anotar los tempos al lado de cada canción en el *set list* que tenemos en el escenario. De esta manera podemos echar un vistazo rápido al papel y saber cuál es el siguiente tempo para poder cambiarlo en el metrónomo entre tema y tema.

De todas estas opciones cada baterista ha de buscar la que le funcione mejor y le resulte más cómoda y práctica, lo que también dependerá de las necesidades del repertorio del grupo o del artista. El tempo en cada canción del concierto es un asunto delicadísimo y se le ha de prestar mucha atención, dado que al baterista siempre se le exige el máximo rigor, y por tanto es idóneo ir un paso por delante en esta cuestión y tener todos los procedimientos controlados sobre los tempos del espectáculo –con o sin *click*–. Con esta preparación no hay duda de que seremos impecables en la ejecución del repertorio.

Por otro lado, es importante tener en cuenta que con un simple *set* de batería formado por un bombo, una caja, un *charles* y un *ride* podemos tocar cualquier tipo de repertorio que se nos presente. Utilizando nuestra creatividad podemos suplir la falta de otros elementos de la batería.

18
Cymbals

Los orígenes de los platos, platillos o címbalos se sitúan en Oriente Medio. En la edad antigua se usaban los crótalos de diversos materiales (madera o arcilla) a modo de castañuelas y luego los címbalos de metal, que eran platillos de pequeñas dimensiones. Durante el Imperio otomano, los turcos fueron aumentando su tamaño hasta convertirlos en los que conocemos hoy en día. Turquía ha sido un país determinante en la evolución de los platos contemporáneos.

La importancia de la calidad de los platos para un baterista es mayúscula: han de sonar eufónicos, porque serán los que delimiten en la zona de frecuencias agudas el sonido y el carácter musical del instrumentista. El sonido de cada plato es único y no hay dos platos que suenen igual, por tanto no es tarea fácil encontrar los apropiados para tu *set,* se trata de una búsqueda apasionante que puede durar mucho tiempo y que se regenera cuando se necesitan nuevos platos. En las diferentes etapas musicales de un baterista, el gusto por unos determinados sonidos de platos puede ir cambiando. La elección generalmente está condicionada por el estilo musical en el que se desarrolla el instrumentista, y depende también de lo que permita su economía. Es aconsejable tener diversos *sets* de platos con sonidos diferentes para disponer de un amplio abanico sonoro, especialmente para los bateristas de sesión, dado que tienen que abarcar diversos estilos según las necesidades del artista o del productor.

Desde que empezamos a tocar la batería, iremos desarrollando la escucha de nuestro propio sonido y esto nos conducirá a saber apreciar cuándo un plato suena bien y encaja en nuestro *set*. Los tonos de los platos normalmente están en un rango de frecuencias que van de medios a agudos, pero desde hace algunas décadas se empezaron a introducir también los platos con un sonido oscuro (series *dark*), con los acabados del plato sin pulir. Estos cambios vienen dados por los nuevos subgéneros musicales que demandan nuevos colores en el sonido, igual que pasa con el vocabulario rítmico, que evoluciona con las nuevas tendencias o corrientes principales (*mainstream*).

Como os comentaba, al ser difícil encontrar un plato que suene extraordinariamente bien, la mayoría de los bateristas peregrinan por innumerables tiendas de música en busca del plato perfecto. Hoy en día esta tendencia ha ido cambiando debido a la venta masiva por internet y al cierre de las pequeñas tiendas de instrumentos musicales; ahora resulta más complicado poder probar los platos antes de la compra. Sin embargo, sigue habiendo excepciones, algunos bateristas van más allá y viajan hasta la cuna misma de los platillos: Turquía, donde pueden probar innumerables modelos y prototipos. Lo curioso es que así pueden acceder a las fábricas donde los hacen artesanalmente según las antiguas técnicas de fundición y martilleado a mano, lo que supone una gran ventaja para los incondicionales de los platos ya que les permite poder escoger entre muchos hasta dar con la joya deseada.

Actualmente se fabrican platos por todo el mundo, pero las marcas más punteras están establecidas en Europa, Asia Occidental y Estados Unidos. El mayor fabricante de platillos a nivel mundial es Avedis Zildjian Company. Zildjian se fundó en 1623 en Estambul y se trasladó a Estados Unidos en el siglo XX. Es la compañía más longeva y representativa en el mundo de los platos y en 2023 celebró el aniversario de sus 400 años de existencia.

Los platos son instrumentos muy expresivos y se pueden tocar con un rango extenso de dinámicas y matices con cada golpe de baqueta. Disponemos de diversas técnicas que nos permiten golpear el plato de maneras diferentes y extraer el sonido deseado, porque cada uno de los platos cumple funciones distintas de acompañamiento o de efecto puntual. Para poder moldear la respuesta de los platos a nuestro gusto, hay recursos para el apagado y recorte de su resonancia natural, como el clásico apagador usando un trocito de cinta americana. Si necesitamos más control y definición del golpe de baqueta, cuanta más cinta pongamos más apagado y definido sonará el plato. Las dimensiones y el peso de cada plato te dan una idea aproximada del tipo de sonido que producirá. Por ejemplo: los platos ligeros abren el sonido y funcionan muy bien como platos de corte *(crashes)*, mientras que los de peso medio o los más pesados pueden encajar mejor en funciones de ritmo continuo propias de *charles* o *rides* (esta recomendación es orientativa, porque sobre gustos no hay nada escrito). En los modelos artesanales de alta gama, el peso viene indicado en cada plato en gramos, de manera que el baterista puede escoger el modelo de peso óptimo con el que se sienta cómodo, sin olvidar que también le deben gustar el sonido y la respuesta de la baqueta.

Un *set* de platos se ha de configurar con coherencia y con equilibrio sonoro, y seguir una línea de armonía acústica para que todos los platos empasten entre sí. Os doy unos ejemplos claros de bateristas con el *set* empastado tímbricamente: Brian Blade, Steve Jordan, Steve Gadd, Billy Martin y Jeff Porcaro. Todos ellos tienen una línea sonora coherente en su *set* de platos, algunos con un sonido más brillante y otros más seco y definido, pero resumiendo, al final la característica dominante es la armonía en el conjunto del *set,* cada uno con su sello personal. En los últimos años también se han puesto de moda los platos de dimensiones grandes, como los *charles* de 16" a 18", *rides* de 22" a 24" y *crashes* de 20" a 22". Estas medidas funcionan bien en la mayoría de las músicas, porque al no tener tanto ataque empastan mejor.

Una de las características que pueden incorporar los platillos son los remaches (*rivets*). Al golpear el plato con la baqueta, producen un sonido que se alarga unos segundos con un chisporroteo, resultante al vibrar los pequeños remaches de metal en el plato hasta que finalmente el sonido decae. Su material puede ser acero o latón (los de latón son magníficos por el sonido cálido que producen). Lo normal es poner de tres a seis remaches aproximadamente, pero cada baterista puede poner los que crea convenientes, según su gusto y creatividad, es un asunto subjetivo. Los platos pueden llevar los *rivets* de serie o uno mismo puede hacer los orificios necesarios para colocarlos, eso sí, haciéndolo con muchísimo cuidado para no dañar el plato. También existe la opción de comprar unas cadenitas de metal que se enganchan a la campana y producen un sonido similar; hoy en día se experimenta mucho poniendo todo tipo de objetos encima de los platos –como las panderetas–. Los remaches funcionan muy bien en todos los géneros musicales, pero destacan en el *jazz* y en géneros afines, donde los volúmenes están más controlados. Las dinámicas suaves permiten la escucha precisa de las resonancias prolongadas (*sustains*) de los remaches, y el tocar con escobillas o con *hot rods* –que tienen menor pegada que las baquetas– también permite que los remaches destaquen con más claridad en las colas de los platos, proporcionando un sonido bonito y cálido.

La utilización de pocos o muchos platos en la batería da lugar a un debate interesante para sospesar los pros y contras. En el panorama actual podemos ver *sets* muy dispares, que van desde el minimalismo con solo dos platos –*charles* y *ride*– hasta *sets* con diez o doce platos. Todo es válido musicalmente, pero ante todo se ha de buscar la practicidad y la coherencia. En los años cuarenta y cincuenta, los *sets* de platos de los bateristas en general constaban solamente de un *charles* y de un *crash-ride,* y solo con estos dos platos hacían maravillas tocando todo tipo de música. Podemos sacar mucho partido a un *set* básico de platos, es cuestión de imaginación. Recomiendo ver y escuchar los solos impresionantes que realizaban grandes bateristas como Buddy Rich y Max Roach utilizando solamente un *charles* y dos baquetas.

19
Sonido

La batería básica está formada por siete elementos principales: bombo, caja, *charles*, *tom*, *goliat*, *crash* y *ride*. Cada uno de ellos debe sonar bien por separado y en conjunto, tiene que haber una relación sonora que sea coherente en el sonido global del *kit*. Es importante también que comprendamos que la complexión física de cada instrumentista dará un sonido único a la batería, por lo que es prácticamente imposible copiar el sonido de un baterista que nos guste. En el aprendizaje de la afinación de la batería, el objetivo primordial es conseguir el mejor sonido posible con cualquier recurso que tengamos a nuestra disposición. Para este fin serán de gran ayuda la práctica y los conocimientos que vayamos acumulando con el tiempo. La responsabilidad del baterista en salas de ensayo, estudios de grabación o conciertos es que la batería suene bien –sea propia o de alquiler–, porque una buena afinación y el timbre de cada elemento del *kit* marcarán la diferencia.

La cantidad de opciones que tenemos para configurar la batería es muy amplia: el tipo de maderas —las más usadas son el arce y el abedul—, las dimensiones de los cascos, los parches y las cajas –que también pueden estar fabricadas en metales como el latón, el acero y el aluminio–. Todas estas variantes nos proporcionan la posibilidad de customizar la batería buscando nuestro propio sonido dentro del contexto y del estilo musical en el que queramos desenvolvernos.

Para la afinación de bombos, cajas y *toms*, tenemos tres maneras totalmente diferentes de proceder: la primera es escuchar la nota fundamental del casco y afinar el parche; en esa misma nota. Dando unos golpecitos con la mano en el casco, podemos extraer la nota natural. Cuando la identifiquemos, debemos tensar cada tornillo hasta conseguir la misma nota en cada sección del parche, para este proceso de afinación será de gran utilidad un instrumento melódico o un afinador. La segunda es afinar por intuición, buscando un tono en cada casco que suene bien y mantenga una relación musical entre las diferentes medidas del *set*. Un referente importante de esta manera de afinar es Jeff Porcaro, él nunca afinaba uniformemente el parche y buscaba la nota por intuición o sensación. La tercera es partir del tono que tengamos en la caja y afinar el resto de los parches con intervalos de cuartas descendentes. Aquí tenéis un ejemplo: la caja en Sol, el *tom* en Re, el *goliat* en La y el bombo en Mi.

Sin embargo, hay cascos que tienen magia desde su fabricación, que suenan con un tono y un timbre geniales y con la resonancia perfecta. Que una batería reúna todos los elementos con esta excelencia sonora es difícil. No todos los cascos de una batería suenan bien salidos de fábrica, puede haber alguno que no alcance el nivel deseado. Después de años de adquirir baterías y encontrarme con esta problemática, dada la dificultad para juntar el *set* perfecto, suelo hacer *collages* de cascos hasta configurar un *set* que esté compensado en timbres y resonancias.

Existen diferentes tipos de parches cuyas cualidades son esenciales para conseguir el sonido que buscamos. Básicamente tenemos cuatro opciones principales: los rugosos, los transparentes, los de una capa y los de dos. Los rugosos son ideales para tocar con escobillas por la capa fina áspera que llevan incorporada y que hace que resuenen un poco menos. Por el contrario, los transparentes tienen una mayor resonancia. Los parches se fabrican en modelos de una capa o de dos: los de una capa tienen más ataque, rebote y resonancia; los de dos no rebotan tanto, pero tienen un sonido grave que facilita la afinación rápida, dado que sus dos capas atenúan mejor la resonancia.

Reservemos una mención especial para los parches que llevan un círculo negro en el centro de unos diez centímetros, superpuesto al principal. Son también un elemento clásico; uno de sus embajadores a lo largo de toda su carrera fue Charlie Watts, que los llevó habitualmente en los *toms* y en el bombo. Podéis escuchar el sonido característico de estos parches en cualquier álbum de los Rolling Stones. De hecho, son altamente recomendables para apreciar el sonido clásico de la batería de *rock* a cargo de Watts.

En el apartado de los recursos para controlar las colas de resonancia de los cascos, disponemos de apagadores de diversos tipos y algunos son de lo más variopinto. Desde el clásico trapo de tela encima de la caja o de los *toms,* hasta el rollito de cinta americana en los bordes de los parches, que también va muy bien para apagar los platos. Ringo Starr fue uno de los primeros en usar estos recursos en estudio y en directo. Como referencia podéis ver la última presentación en vivo de los Beatles en la azotea del edificio Apple Corps de Londres: si os fijáis, en la canción *Get Back* veréis el trapo encima de la caja. Ringo también puso de moda poner un paquete de tabaco o una cartera en el parche batidor de la caja; ambos objetos tienen la medida perfecta para eliminar los armónicos no deseados. Hoy en día los apagadores siguen evolucionando y tenemos diversos modelos en el mercado con diferentes texturas. Los más demandados son los fabricados en un gel que se pega al parche. Aun así, con todas estas novedades en el control de resonancias, la caja con el trapo encima sigue siendo un clásico imbatible que proporciona un sonido característico, lo que hace que se siga utilizando con frecuencia en grabaciones y directos.

Una vez que tengamos desarrollado el sonido de nuestra batería con una voz propia, debemos instruirnos en cómo debe sonar a través de los micrófonos y de las mesas de mezcla, tanto en un estudio de grabación como en directo.

Voy a introducir brevemente algunos conceptos relativos a la sonorización de la batería y a explicar por qué son tan importantes. Este es uno de los puntos de máxima delicadeza que en ocasiones puede hacer difícil conseguir el sonido deseado. Cuando se sonoriza una batería, se ha de tener claro que el sonido resultante debe ser una extensión del propio instrumento al natural; esto es lo ideal y lo que tenemos que intentar conseguir desde el principio. El ingeniero de grabación debe entrar en la sala de la batería y escuchar el sonido natural que emite; a partir de ahí debe captar ese sonido con los micrófonos debidamente dispuestos y no alterarlo con puertas de ruido o compresores, este sería el punto de partida para que una batería sea grabada con todo el rango de dinámicas y resonancias naturales. Las puertas de ruido pueden arruinar las notas fantasma y otras sutilezas de un patrón rítmico; por tanto, es mejor no usarlas. Otro ejemplo desfavorable es poner un compresor en el canal del bombo, que en mayor o menor medida –según el ajuste– hará que todos los golpes suenen iguales, con lo que perderemos toda nuestra dinámica en la pisada del bombo. El uso del compresor se desaconseja especialmente en repertorios donde los matices y las dinámicas son determinantes.

Tener cuatro o cinco *sets* de batería diferentes es lo ideal, de esta manera dispondremos de un abanico de posibilidades sonoras excelente, desde tonos grandes a pequeños y con diferentes tipos de platos, parches y acabados. Estar en posesión de estos instrumentos o tener acceso a ellos –se pueden alquilar si es necesario– nos dará una libertad sonora notable, ya que en cualquier momento podemos necesitar un sonido grande para una gira de *rock*, un sonido medio para un grupo de *funk* o uno pequeño para un evento con poco volumen. En un estudio de grabación, disponer de diversos *sets* de batería, o al menos tener variedad suficiente de cajas y platos, nos será de gran ayuda para abarcar los diferentes sonidos que podamos necesitar en cada canción. Generalmente, el productor musical o el artista nos indicarán el sonido que necesitan. Posteriormente, durante las mezclas, el productor o el ingeniero pueden retocar el sonido según los criterios de producción y el sonido global del álbum.

20
Músico de sesión

El músico de sesión, también llamado músico versátil, mercenario, *freelance* o artista independiente, es el instrumentista especializado en poder tocar en diversos ámbitos musicales con total soltura. Su contratación puede ser temporal o de larga duración, en sesiones de grabación, actuaciones aisladas en vivo o giras completas. Asimismo, puede combinar compromisos profesionales ocasionales con el hecho de ser miembro de un grupo estable, hay muchas variables posibles al respecto. Para especializarse en el oficio del músico de sesión se requiere una formación con amplios conocimientos musicales, además de talento, años de experiencia y saber desenvolverse bien en el negocio de la música. Hay otros aspectos secundarios que completarán el perfil del músico de sesión, tales como la puntualidad, el saber estar o la empatía con los compañeros. El desarrollo de todos esos aspectos en paralelo y en igual medida será la clave para desempeñar su trabajo con excelencia.

Lo primero que hay que tener en cuenta es la formación musical; el solfeo rítmico y la armonía deberían ser como mínimo de grado medio y también se ha de haber escuchado mucha música para entender los diferentes estilos y saber cómo interpretarlos. El músico de sesión es generalmente vocacional. Hay que ser bueno y hábil para captar todo tipo de información musical y poder tocarla con el sonido y el vocabulario propios de cada estilo. Es todo un arte tocar con artistas de diferentes estilos y aportar lo mejor de uno mismo a sus canciones.

En el curso del trabajo habitual del músico de sesión se suelen dar todo tipo de situaciones y se ha de estar preparado para lo que venga. Un caso que se suele presentar a menudo es el tener que ir a tocar a un concierto sin ni siquiera haber ensayado; en estos casos es esencial el trabajo previo de preparación de los repertorios. Por ejemplo, si se ha de preparar la presentación de un álbum en el que no has grabado y te pasan los audios sin *papeles*, tendrás que transcribir todas las baterías del álbum –en pocas ocasiones te facilitarán unas partituras de batería en condiciones–. Una vez transcritas las canciones, las has de practicar con tu batería y estudiarlas a fondo para que la interpretación sea fluida y cómoda, de modo que durante la actuación toques con seguridad y conduciendo al grupo. Generalmente, en las pruebas de sonido del día del concierto se suelen revisar las dudas que se tengan en puntos concretos del repertorio. Es importante saber gestionar bien la presión o la tensión a la que podemos estar sometidos en todo tipo de conciertos –de pequeño o de gran formato–, debido a la responsabilidad y el peso que recaen sobre el baterista. Está implícito en nuestra función rítmica el dar seguridad, buena conducción y *groove* a nuestros compañeros. La sección rítmica ha de saber comandar la *nave*.

Como habréis podido deducir del ejemplo anterior, las transcripciones son necesarias e importantes para el desempeño de nuestro trabajo. Para realizarlas correctamente debemos tener el oído bien educado. Esto nos será de gran ayuda para descifrar las partes que toca cada músico en un álbum, además de las que corresponden a la batería. Para dominar la transcripción rítmica se ha de practicar mucho; un buen ejercicio para desarrollarla y perfeccionarla consiste en descifrar las partes de la batería de cualquier canción que os guste o aleatoriamente las que oigáis por la radio.

Los conocimientos de lectura de partituras a primera vista son muy convenientes, porque nos abrirán nuevos horizontes en la profesión. También hay músicos que de manera autodidacta se hacen sus papeles de referencia –algunos incluso pueden memorizar todos los arreglos de una canción en un breve espacio de tiempo–; no obstante, la escritura de partituras, por ser un lenguaje universal, es la mejor opción para el baterista.

Al músico de sesión le suelen llegar trabajos de un día para otro e incluso con pocas horas de antelación. Cuando esto sucede es muy probable que al llegar a la sesión se deba interpretar al momento cualquier estilo con arreglos musicales imprevistos. Dado que en estos casos no hay tiempo para interiorizar los patrones, los arreglos, las marcas o los tempos, la lectura a primera vista de partituras será indispensable para una rápida interpretación en la batería. En este tipo de sesiones, el compositor o el productor nos pueden proporcionar varios tipos de partituras: de batería, de melodía y acordes (como las del *Real Book*) o simplemente una estructura con un cifrado de acordes y algunas marcas obligadas. Se deben dominar todas las opciones de lectura. También es habitual que un productor o un director musical cambien los arreglos en la misma sesión de ensayo o de grabación sobre la marcha, cantándolos simplemente, y los tengas que interpretar correctamente al momento, con una buena métrica, dinámica adecuada y estela sonora coherente con lo que está sonando. Sí, es muy difícil, pero en este tipo de situaciones pondremos a prueba nuestro nivel.

El perfil de trabajos que pueden surgir a lo largo de la carrera del baterista es variado: los bolos de club, las grabaciones de estudio, los conciertos de gran formato, el teatro musical, los programas de televisión, las giras, las *masterclasses* o la docencia regular. Otro de los apartados importantes para el músico de sesión son las relaciones públicas: como buena empresa autónoma que somos, hay que cuidar nuestro sello personal y hacer todo de la mejor manera posible, intentando mantener una buena relación con toda la industria musical: artistas, instrumentistas, directores musicales, compositores, productores, ingenieros de sonido, compañías discográficas, programadores y mánagers.

Actualmente en internet –y en concreto en las redes sociales– podemos acceder a una cantidad enorme de contenidos acerca de la batería: vídeos, entrevistas, lecciones y un sinfín de material. Gran parte de los bateristas profesionales utilizan cada vez más estas plataformas digitales para promocionarse y vender sus productos.

Las nuevas tecnologías nos están permitiendo realizar un gran avance en la grabación de baterías desde casa –*online recording*– y de esta forma podemos enviar pistas grabadas por internet. Este procedimiento comporta grandes beneficios para el baterista moderno, porque desde su *home studio* puede producir música e imagen, profundizando en las técnicas de grabación y producción del sonido. Para dominar todas estas técnicas y programas auxiliares, necesitamos tener un mínimo de conocimientos de grabación de audio y vídeo. Dos sistemas estándar que podemos encontrar en cualquier estudio de grabación profesional son *Pro Tools* y *Final Cut.* Tener estas herramientas a nuestra disposición en casa y saber utilizarlas nos permitirán adquirir el control sobre los acabados de nuestra música y potenciar nuestro desarrollo artístico global. Como ejemplos sobresalientes de la grabación de baterías desde su *home studio* tenemos a Dave Weckl, Ash Soan y Aaron Sterling. Estos tres bateristas de referencia mundial están en constante evolución en lo que concierne a las técnicas de grabación y producción *online.*

Para concluir, he de comentaros que la agenda del músico de sesión –en general– no es regular, y esto provoca que pueda haber temporadas con más o menos trabajo. Un buen consejo que siempre me dieron mis mentores y que comparto con vosotros es el de intentar elegir los trabajos donde encajemos mejor musicalmente, cuya propuesta resulte estimulante para nuestro desarrollo musical. Al encarar todos los trabajos que nos vayan surgiendo, hemos de dedicarles siempre la máxima atención posible, preparándolos y culminándolos con éxito. Nuestra aportación creativa a cada proyecto ha de ser excelente, de esto dependerá que vuelva a sonar el teléfono. Y si en algunos momentos puntuales andamos con exceso de trabajo, es preferible no asumir más, solo el que podamos preparar e interpretar al máximo nivel. Saber llevar bien una carrera musical es importante, y con la experiencia iremos aprendiendo a gestionarla de la mejor manera.

Epílogo

Recapitulando lo dicho en las páginas de este libro: cada capítulo forma parte de un gran *todo* para el baterista moderno y es necesario para una completa comprensión de la música y, por extensión, de la profesión. Siempre debemos estar evolucionando en cada uno de los aspectos musicales y artísticos para desarrollar una formación transversal, uniforme y actualizada. Habréis podido comprender a lo largo del libro que hay una parte de los contenidos que son subjetivos y que debéis situar en su contexto y valorar hasta qué punto os pueden ser de utilidad. Cuanta más información tengáis sobre el fascinante mundo de la batería, mucho mejor, más rápido podréis sacar vuestras propias conclusiones y avanzar por buen camino. Es importante no perder nunca las ganas de seguir creciendo musicalmente y de perseverar ante todos los momentos que vendrán: buenos y malos, porque el camino en nuestro oficio –la música– es duro, y a veces hasta mal visto por gente desconocedora e ignorante. Por tanto, solo me queda deciros: ¡adelante y mucho *groove*!

Agradecimientos

Estoy enormemente agradecido a Santiago Auserón por estos años de vivencias compartidas y de amistad, por animarme además a que este ensayo sobre la batería se convierta en realidad, por su ayuda en la corrección del libro y por su magnífico prólogo para *El arte de la batería.* Esta colaboración tan fructífera ha sido posible gracias a nuestro querido compañero y amigo Joan Vinyals, que nos dejó en enero del año 2022. También quiero agradecer a mi familia todo su apoyo y en especial a mi compañera Marta González, que ha sido la primera lectora de este libro y mi principal consejera.